페미니스트 타임워프

페미니스트
타임워프

**페미니즘이
한국 사회를 기억하는 방법**

김신현경
김주희
박차민정 지음

반비

차례

1

발전주의 시대의 유산

김주희

발전과 젠더, 환대의 성별정치

1988년 서울올림픽 피켓걸에서
버닝썬 게이트까지

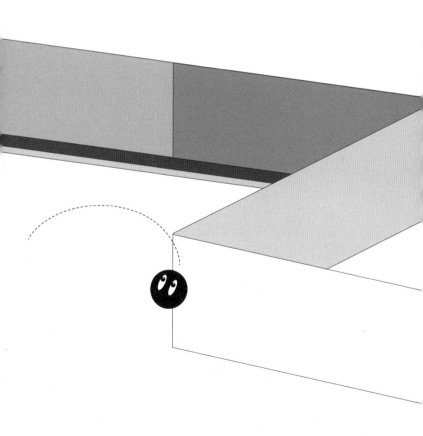

발전 시대 대중의 기억 속, 여성들의 위치

얼마 전 유튜브 영상을 통해 비키니 수영복을 입은 여성 모델의 피트니스 쇼가 군대 위문공연 무대에 등장했다는 사실이 알려졌다. 온몸에 오일을 바른 채 홀로 무대에 등장하여 잘빠진 몸매를 부위별로 뽐내는 여성 피트니스 모델과 환호하는 군인 무리의 모습을 접한 많은 이들은 불편함을 내비쳤다. 그리고 이내 "'성상품화'로 가득 찬 군대 위문공연을 폐지해주세요"라는 청와대 국민청원이 등장했다. 청원자는 "군인을 위한 여성의 헐벗은 위문공연이 왜 필요한 건지 이해할 수 없습니다."라고 말했다. 2만 명이 넘는 사람들이 청원에 동의했다.

수많은 장병들이 여자 아이돌의 군대 위문공연에 광적으로 환호하는 모습은 그리 낯설지 않다. 1990년대 인기리에 방영된 텔레비전 프로그램 「우정의 무대」를 통해, 이런 모습

이야말로 혈기 왕성한 장병들의 자연스러운 반응이라는 인식이 널리 퍼졌다. 환호하는 군인들이 무대 위의 여자 아이돌을 실제로 좋아하는지 여부는 중요하지 않다. 남성 상병들에게는 그저 상큼하고 발랄한 여자 아이돌의 무대 등장에 열정적인 환호로 응답하는 역할이 주어졌을 뿐이다. 하지만 이제 이런 장면은 낯설게 보이기 시작했으며, 위문공연을 폐지해달라는 청원이 등장하기에 이르렀다. 아마도 2015년 이래 급속도로 대중화된 페미니즘의 영향 때문일 것이다. 페미니즘의 대중화 이후 사람들은 그간 자연스럽다고 여겨진 성별화된 장면들에 반기를 들기 시작했다. 이들은 여자라면 웃는 얼굴로 분위기를 부드럽게 만들어야 한다는 규범을 거부하며 웃음 보이콧을 선언했고, 여자라면 여자답게 자신을 꾸밀 줄 알아야 한다는 규범을 거부하며 '탈코르셋'을 선언했다. 하지만 여성들의 이런 선언과 실천은 동시에 공적 공간에서 여성들을 배제하겠다는 각종 엄포를 통해 기각이 요청되고 있다. 대표적으로 조지 부시 정부 당시 부통령이었던 마이크 펜스라는, 우리에게 이름도 생소한 정치인의 이름을 따서 만들어진 '펜스룰'이라는 방침이 그러하다. '펜스룰'은 성적 구설수를 방지하기 위해 남성들이 여성들과 사적인 교류 자체를 갖지 않는 것으로, 펜스룰의 공공연하고 반복적인 언급은 권력을 가진 남성들의 여성 배제 선언과 다름없다. 페미니즘이 대중화되면 될수록 여성들을 다시 원래의 위치로 돌려놓으려는 '백래시'도 강해질 것이다. 이에 국민적, 대중적 기억 속 여성들에게 주어진 위치, 그 강렬한 기억을 더듬고자 서울올림픽대회가 열린 해인 1988년으로 돌아가보고자 한다. 이 시기는 한국인의 불굴의 민족성, 한국인이 달성한 물질적 성취를 세계 무대에 처음으로 과시하고자 했던 때다. 그리고 이처럼 기획된 과시의 장은 철저하게 성별 분업을 통해 만들어지고 성별 분업적으로 전시되었다.

1988년 서울올림픽대회,

세계 무대에 등장한 덕선

2015년 한 해를 강타했다고 말해도 손색이 없는 드라마 「응답하라 1988」은 1988년 서울 쌍문동 봉황당 골목길에 사는 다섯 가족의 이야기를 다룬 드라마다. 그중 1971년생인 쌍문여고 2학년 성덕선(혜리 분)은 공부

잘하는 언니에게 치이고, 귀한 아들인 동생에게 치이는, 공부 못하는 씩씩한 둘째 딸로 등장한다. 뭐 하나 내세울 것 없는 찬밥 신세인 둘째 딸 덕선은 어느 날 가족과 동네 사람들에게 주목받게 된다. 건국 이래 최대의 행사라는 서울올림픽대회 개막식에 피켓을 들고 마다가스카르 선수단과 함께 입장하는 '피켓걸'로 선발된 것이다. 피켓걸 역할을 훌륭하게 수행해내기 위해 덕선은 반년 동안 연습에 매진한다. 직접 만든 피켓을 들고 방에서, 집 앞 마당에서 한복을 입고 개막식 입장을 위한 연습을 게을리하지 않는다. 난생 처음 사회적으로 중요한 역할을 맡게 된 덕선은 한껏 들떠 보였다.

연습은 올림픽 경기장에서도 이어졌다. 피켓걸 입장을 지도하는 여성은 "표정! 온화하게! 팔! 팔! 표정! 온화하게!"를 외치며 덕선의 표정, 시선, 걸음걸이, 자세를 가르친다. 덕선은 한복을 입은 다른 피켓걸들과 함께 올림픽 경기장 한쪽에 주저앉아, 개막식의 다른 행사에 등장하는 것으로 추정되는 태권도 도복을 입은 남자 꼬마 무리들이 일으키는 먼지바람 속에서도 단팥빵과 바나나 우유를 먹으며 불평 없이 대기한다. 이때 덕선의 뒤에는 "88올림픽 완벽한 준비"라고 쓰인 현수막이 걸려 있다. 덕선이 이 행사에 참여하는 것으로 어떤 대가를 받았을 리 만무하다. 아마 그녀는 행사에 참여하는 것만으로도 영광이라고 생각했을 것이다. 피켓걸 덕선을 인터뷰하던 한 방송사 리포터는 덕선에게 "그래도 가장 힘든 점이 있었다면요?"라는 질문을 던지고, 그녀는 국어 교과서를 읽듯 "국민적인 행사에 동참하는 것만으로도 큰 영광이라고 생각합니다. 힘든 순간이 있었더라도 투철한 사명감과 책임감으로 금세 극복할 수 있었습니다."라는 '모범 답변'을 내놓았다. 하지만 이 인터뷰 도중 덕선은 마다가스카르가 서울올림픽대회에 대한 보이콧으로 불참한다는 소식을 듣게 되었다. 덕선은 눈물을 글썽거리면서 크게 실망했지만, 우여곡절 끝에 한복을 입고 환한 미소를 띤 우간다 피켓걸로 개막식에 등장하게 되었다.

덕선이 올림픽 개막식에 등장하는 모습을 텔레비전을 통해 지켜보던 쌍문동 봉황당 골목길의 이웃들은 모두 환호한다. 텔레비전을 보던 덕선의 아버지는 개막식 화면에서 둘째 딸을 발견하자 "나왔다! 나왔다!"면서 울음을 터뜨린다. 덕선의 어머니는 축하 전화를 받으면서 "덕선이 맞다, 맞다."라고 답한다. 어머니는 "어렸을 때는 시집이나 갈까 했는데 갈

1988년 서울올림픽대회를 앞두고 각계각층에서 벌어진
'올림픽 성공 다짐대회' 및 '거리질서 캠페인'.

수록 얼굴이 핀다. 지 언니보다 낫다."며, 전화기 너머 누군가에게 신이 나서 자랑을 늘어놓는다. 공부 못하는 만년 천덕꾸러기 둘째 딸 덕선은 이날만큼은 누구보다도 자랑스러운 내 딸이 되었다.

덕선이 서울올림픽대회 개막식에 등장한 것이 이렇게나 자랑스러운 일이 될 수 있었던 배경에는 '우리'도 이제 국제적인 행사를 치르는 발전된 나라의 대열에 동참한다는 '국민적 자부심'이 놓여 있다. 사실 한국은 1970년 제6회 아시안게임을 서울로 유치하고도 숙박시설, 경기장 등 제반 시설을 갖추지 못해 대회를 반납한 경험이 있다. 제5회 대회를 치른 태국 방콕에서 제6회 대회가 다시 열렸고, 이때 한국은 태국에 일종의 벌칙금적 부담금 25만 달러를 지불했다. 국가경제의 저개발로 인해 한국은 국제 사회에서 굴욕을 겪은 것이다. 이후 전두환 정권에서 우민화 정책으로서의 3S 정책 등 여러 이유로 다시 올림픽 유치 신청서를 제출하자는 의견이 나왔고, 결국 대표단의 필사적인 유치 활동 결과 1988년 올림픽대회 개최지가 서울로 결정되었다. 1981년 9월 30일의 일이다. 독일 바덴바덴에서 사마란치 IOC 위원장의 "세울! 코리아!"가 울려 퍼진 이 시점부터 대한민국의 발전을 전 세계에 자랑스럽게 내보이기 위한 온 국민의 준비가 시작되었다. 여기에는 서울올림픽을 통해 대한민국이 경제적으로 한 단계 더 도약할 것이라는 국민적 기대도 한몫했다. 그해 실시된 올림픽에 대한 국민 의식 조사를 살펴보자. 《경향신문》의 1984년 9월 26일 기사에 따르면 "국민들은 88서울올림픽이 성공적으로 잘 치러질 수 있다(78.2%)는 자신감에 차 있으며 90퍼센트 이상이 국력신장과 국민의식향상에 88올림픽이 큰 도움을 줄 것으로 믿고 있다. 이런 이유에서 88올림픽의 서울유치를 거국적 경사로 평가(96.9%)하고" 있었다고 한다.[1] KDI(한국개발연구원)가 내놓은 『88올림픽의 경제성 평가와 효과분석』이라는 보고서에서는 88서울올림픽은 경제성이 높은 흑자 대회가 될 것으로 예상되었다.[2] 생산, 소득, 고용 부문 등에 미치는 국민 경제적 효과가 클 뿐만 아니라 국제수지면에서도 5억 달러 이상의 수지 개선 효과를 가져다줄 것으로 분석되었다. 발전에 대한 기대감 속에서 국민들은 자신의 일상과 역할을 재정비하며 '세계인'과 만날 채비를 하게 되었다. 덕선네 가족, 나아가 쌍문동 봉황당 골목 사람들은 덕선이 '온화한 표정'으로 세계 시민들을 맞이하는 장면을 지켜보면서 대한민국이 선진국 대열에 동

페미니스트 타임워프

참하는 그 순간을 맞았다.

유흥업소 지원 정책과 국민 동원의 성별 정치

올림픽 경기장에 걸려 있던 "88올림픽 완벽한 준비"라는 구호는 덕선뿐만 아니라 전 국민의 올림픽 준비와 동참을 호소하는 문구였다. 개막식 무대에 등장하지 않은 사람도 자신의 자리에서 선진화된 국민의 역할을 수행할 것이 요구되었다. 이런 사실은 범민족올림픽추진중앙협의회가 발간한 『국민참여운동백서』에서 확인할 수 있다. 아버지 가장들은 내 집 앞을 쓸면서 자발적이며 근면하고 선진화된 의식을 가진 국민으로서 전 세계 손님들을 맞이할 준비를 하도록 요청되었다. 물론 이는 극 중 동룡 아버지처럼 내 집을 가진 아버지들에게만 부여된 역할이었다. 반지하 셋방에 살던 덕선의 아버지는 텔레비전에 등장한 덕선을 보고 환호할 수 있을 뿐이었다. 유사한 맥락에서, 대한민국이 굴욕을 딛고 88서울올림픽을 통해 전 세계에 자랑하고자 한 모습에 부합하지 못하는 가난한 사람들은 숨겨지고 축출되거나 갱생되어야 했다. 이 과시적 잔치를 앞두고 이루어진, 양동 재개발로 대표되는 대대적인 서울 도심부 재개발이 그 예다. 그 결과 윤락여성, 빈민, 장애인 등 수많은 도시 빈민들은 각종 재활시설에 수용되었다.

당시 윤락여성들이 갱생 시설로 보내진 것은 단순히 빈민들을 추방하기 위한 조치였을 뿐 상품화된 성의 범람을 걱정해서가 아니었다. 전두환 정권은 1986년 1월 기생관광으로 이미 명성이 자자하던 11개 대형 요정업체에 총 20억 원이나 되는 돈을 특별융자 형식으로 지원해주었고, 국제관광공사에서 발행하는 외래 관광객용 지도에도 기생관광 장소인 요정의 위치를 각국 언어로 친절하고 상세하게 밝혀놓기도 했기 때문이다.[3] 이에 질세라 서울시는 룸살롱과 카바레 등 103곳을 '모범업소'로 지정해 여러 특혜를 주기도 했다.[4] 외국인들에게 보이는 미관을 고려해 네덜란드의 '홍등가'처럼 커다란 유리창을 갖춘 성매매 업소 '유리방'이 본격 등장한 것도 올림픽을 앞두고였다. 청량리, 미아리, 용산, 천호동 등 서울의 성매매 업소 집결지는 물론 전국 성매매 업소 집결지에 '환경개선작업'이라는 명목으로 대대적인 정비 사업이 실시되었다.[5] 올림픽을 앞두고 가난한 여성들은 도시에서 축출되거나 성매매 시장으로 내몰리는 두 가지 선택지만을 갖게 된 것이다. 정부의 이런 집중적인 성매매 업소 장려 정책은 자연스레 1980년대 말 전국의 유흥산업이 호황을 이루는 기반이 되었다.

동시에 1981년 9월 30일에 태어난 아이들은 자동으로 호돌이, 호순이가 되었다. 이 중 최고로 뽑힌, '주눅 들지 않고' 순수하고 건강하게 자란 한 소년은 굴렁쇠를 굴리며 서울올림픽 개막식 무대에 등장했다. 이 퍼포먼스를 기획한 이어령은 1998년 9월 21일 경향신문 인터뷰에서 "굴렁쇠 굴리는 소년을 통해 전쟁을 겪고 이뤄낸 한강의 기적"을 보여주고 싶었다고 이야기한다. 대한민국은 '한강의 기적을 만들어낸 근면한 가장이 키워낸 건강한 소년의 형상'으로 세계 무대에 등장함으로써 한국의 발전 가능성을 보여주고자 했다. 그 결과 거대한 규모의 국제대회를 치러낼 수 있을지 의심하는 세계인의 눈초리 앞에서 과시할 만하지만 위협적이지 않은 모습으로 미래를 축복받게 되었다. 참으로 영리한 기획이 아닐 수 없다. 아마 「응답하라 1988」에서 피켓걸들을 가로질러 모래바람을 만들며 뛰어가던 태권도복을 입은 남자 꼬마 무리도 이런 의미를 체현한 이들일 것이다.

물론 서울올림픽 개막식에는 여성들도 등장한다. 먼저 남

서울올림픽대회 개막식이 보여주는 성별화된 발전의
역할. 남성들은 '굴렁쇠 소년'으로, 여성들은 '선녀'로
형상화되었다.

성들은 인류사를 상징하는 대서사시적 개막식 무대에서 선단을 맞이하는 농악대로, 중고를 두드리는 300명의 장정으로, '혼돈'을 정리하며 의기충천하게 나무판을 격파하는 태권도단으로, 화합을 상징하는 고싸움놀이의 싸움꾼으로 등장한다. 하지만 여성들은 백색의 튜닉을 걸친 44인의 희랍여인으로, 운동장을 돌며 춤을 추는 50인의 선녀로 개막식무대에 등장한다. 이들은 실존하는 인물이 아니다. 여성들은 현실에 존재하지도 않고 역사를 초월한 존재로서, 선녀의 자태와 신비로운 미소로만 세계의 화합과 경쟁의 장에 들어섰다. 이처럼 과시와 축복의 무대는 성별화되어 있다. 여성들은 발전의 주체가 아닌, 발전을 염원하고 응원하는 역할로 축제에 등장하는 것이다.

올림픽 기간 내내 덕선과 마찬가지로 '전 국민'의 이런 환대, 호의를 전달할 수많은 젊은 여성들이 필요했다. 그리스 올림피아 헤라 신전에서 채화된 성화가 국내 첫 기착지인 제주에 도착하자마자 선녀 복장을 한 제주 여고생 200명이 이 성화가 지나갈 길을 만들어주었다고 한다. 이후 성화가 지나가는 길, 해외 귀빈들을 맞이하는 자리에는 늘 꽃술을 흔들고, 부채춤을 추고, 한복을 입은 전국의 여고생들이 있었다. 당시 서울올림픽에 동원된 학생들에 대한 성별 통계를 발견할 수는 없으나, 한 뉴스에 따르면 그 전체 수는 223개 교 1만 3079명이라고 한다. 특히 김포공항 근처에 살던 여고 생들은 시도 때도 없이 해외 귀빈맞이 행사에 동원되었다고 한다.

환대의 의전을 수행할 직접적인 목적으로 '우정의 사절', '미스특급선발대회', '88미스올림픽선발대회' 등 무수히 많 은 미인대회가 열리기도 했다. 1987년 6월 19일 《매일경제》 기사에 따르면 여성들만을 88올림픽 시상식 요원으로 선발 하겠다는 계획이 발표되기도 했다. "서울올림픽대회 조직위 원회는 시상자와 입상자 안내원 54명은 외국귀빈이나 선수 들을 상대해야 되는 점을 감안, 외국어 능력과 미모를 겸비 한 응모자를 우선 선발하게 되는데 우정의 사절단 심사통 과자 92명을 우선 배려할 계획"이라고 밝히고 있다. 발전을 선전하는 국제적 장에서 여성들은 직접 과시하고 축하받는 위치에 있지 않으며 환대의 수단으로 매개된다. 이처럼 발전 은 여성들의 역사와 구체성을 지우는 방식으로 기록되며 추 진되고 있었다.

일찍이 한국 근대화 프로젝트에 내재된 문화 논리와 가부

88서울올림픽대회 문화예술 축전의 일부였던
미스코리아 퍼레이드.

장성을 지적한 김은실은 여성이 국가의 역할을 수행하는 수
동적 도구로, 행위 주체자인 남성의 보조자로 만들어진 논
리를 지적했다.[6] 그 이면에는 남성-가장이 이끄는 '조국'의
생산력 증대와 발전만이 유일하게 '우리'가 추구해야 하는
가치라고 여겨지는 단일한 논리가 있다. 이러한 배경 속에
서 가족이 없거나, 소위 '정상가족'에 속하지 않거나, 때로는
이러한 논리에 동조하지 않는 이들은 무가치한 사람들로 취
급되어 종종 인권마저 박탈당했다. 성장이 미래의 유산으로
남겨질 수 있다는 신화적 믿음, 이런 믿음에 기반을 두고 경

제적인 성취를 이룩한 국가에 걸맞은 시민성을 부여하는 작업은 철저하게 남성 중심적으로 성별화되어 있는 것이다. 하지만 이런 기획은 여성들의 존재와 노동을 삭제할 뿐만 아니라 발전을 위해 여성들은 응당 남성들에게 순종하고 이들의 지휘를 따라야 한다는 방식으로 발전의 방향성을 모색한다. 이런 발전주의적 가치 아래서 여성들의 존재는 누락되는 것이 아니라 끌어내려진다.

글로벌 시대 발전과 접대

올림픽대회가 끝나자마자 《조선일보》는 국제사회에 '올림픽 4위 국가'로 떠오른 한국 사람들은 세계관이나 생활 태도도 달라져야 한다고 일장 훈시하기도 했다.[7] 한강의 기적을 만들어낸 근면한 아버지와 보이지 않는 헌신적인 어머니는 건강하게 키운 소년을 세계 무대에 내보였다. 그렇다면 유년 시절 국민국가를 넘어 세계와 접속한 기억이 있는 소년은 현재의 발전된 한국 사회를 어떻게 경험하고 있을까. 한국 사람들의 세계관이나 생활 태도는 얼마나, 또 어떻게 달라졌는가. 얼마 전 미국 IT 전문매체인 《디 인포메이션*The Information*》에 실린 소식을 잠시 살펴보자.

《디 인포메이션》은 세계 최대 차량공유 업체 우버Uber의 창립자이자 최고경영자인 트래비스 캘러닉이 3년 전 한국을 방문할 당시 '룸살롱 접대'를 받았다는 사실을 폭로했다. 캘러닉이 지난 2014년 여자 친구와 우버 직원 다섯 명을 데리고 '에스코트 가라오케 바Escort-Karaoke Bar'에 방문했다는 것이다. 기사에 따르면 당시 다섯 명의 직원 중 남성 직원 네명은 번호표를 달고 등장한 여성들을 제각기 옆자리에 앉혀 함께 술을 마시고 노래를 불렀다고 한다. 남성 직원 네명이 주점에서 도우미 여성들을 '초이스'하는 등 성접대를 받은 것이다. 물론 우버 최고경영자를 접대한 자는 아마 이외국인 CEO를 한국식으로 융숭하게 환대하고자 '룸살롱 접대'를 제공했을 것이다. 한국에서 '비즈니스 성공의 열쇠는 인맥과 접대'라는 말은 공공연하게 퍼져 있다. 한국에서 인맥의 핵심 요인, 즉 상대를 지속적으로 만나고 관리할 수 있는지의 여부는 접대 능력을 통해 결정된다는 것은 널리 알려진 사실이다. 그리고 당장 서점에서 비즈니스 성공 전략을 나열하는 몇 권의 책만 읽어봐도 한국에서 '접대'란 무엇인지 알 수 있다. 그것은 남성들 간의 거래 카르텔을 만들어내기 위해 여성들의 환대를 매개하는 방식으로 실천된다.

이처럼 룸살롱에서의 접대는 '노는 게 아니라' 전적으로 업무의 일부로 이해되고 실천된다. 2006년엔 접대 자리에서 입은 재해를 업무상 재해로 인정하는 대법원 판결까지 나왔다. 저녁 9시 이후 법인카드로 결제할 수 없도록 하는 조치가 등장하자 제일 먼저 타격을 입은 곳은 강남의 룸살롱 밀집 지역이었다. 포털 사이트에 '접대'라는 검색어를 입력하면 얼마나 많은 '을'들이 '갑'을 접대하기 위해 고심하면서 이런 검색어를 입력하고 있으며, 얼마나 많은 룸살롱과 요정에서 접대를 위한 원스톱 서비스를 제공하는지 금세 알 수 있다. 전국의 룸살롱 정보가 집결된 인터넷 커뮤니티에는 접대 성격, 접대 대상자의 지위, 인원, 접대 장소, 접대 목적 등을 나열하면서 '견적'을 내달라는 질문이 하루에 수십 건씩 올라온다. '외국인 접대' 역시 마찬가지다. '좋은 장소'에서 '프로급 여성'에게 접대 받을 수 있는 장소를 섭외하는 일은 회사원의 업무 능력으로 직결되기에 성매매 방지법에도, 김영란법에도 상관없이 오늘도 공공연하게 룸살롱 업소 정보가 유통되고 있다. 우리 사회에서 접대는 남성들 사이에서 공적 인맥을 사적화할 수 있는 통과의례의 사회적 장이기 때문이다. 접대하는 사람도 접대 받는 사람도 남성으로 간주된다. 결과적으로 여성들은 을도 갑도 될 수 없는 위치에 놓인다.

하지만 우버 경영진에 대한 접대 사례처럼 한국의 접대 방식이 세계적인 망신거리가 된 배경에는 갑의 위치에 난데없이 여성이 있었기 때문이다. 한국인 여성이었다면 승진 단계에서 이미 배제되었거나, 아니면 최소한 룸살롱에 당도하기 전에라도 배제되었겠지만, 당시 예상치 못한 사이 한 서구 여성이 룸살롱에 도착하게 된 것이다. 남자 을의 인도로 '에스코트 가라오케 바'에 당도한 서구 여성은 결국 번호표를 달고 늘어선 한국 여성들을 만나게 되었다. 한국에 온 글로벌 비즈니스 파트너를 접대하는 역할이 비즈니스와 무관한 한국인 접대부 여성에게 전가되었다는 사실을 알지 못했기 때문이다.

한편 한국에서 남성 간의 접대는 인맥 관리와 경쟁, 혹은 승자독식의 정글에서 필요한 생존의 기술로 통용되고 있다. "어쩔 수 없이 룸살롱에 갔다."라는 남성들의 말이 절대적으로 틀린 것은 아니다. 하지만 이처럼 성별화된 방식의 접대가 사회적으로 통용된다는 것은, 다시 말하면 직장에서 여성들은 일터라는 공적 장에서 벌어지는 특정 거래나 협상의 영역에서 완전히 배제된다는 의미다. 업무 현장에서 협상과 거래는 성산업 종사자 여성들의 섹슈얼리티를 매개로 한 남성들 간의 거래이며, 이는 다시금 현실에서 여성들을 배제하는 또 하나의 논리로 사용된다. 물론 이때 배제의 이유는 항상 여성들의 능력 문제로 귀결된다. '어쩔 수 없이' 룸살롱에 가는 역할이 남자 을에게 주어진 역할인 상황에서 여자 을은 룸살롱에 진입조차 어려우니 그것이 '능력'의 문제가 아니라고 말하기도 어렵다. '나도 하기 싫은 일인데 너는 여자라고 안 하냐.'는 항의는 언제나 능력의 문제로 귀결되었다. '여자도 군대 가라.'는 논쟁의 끝은 항상 여자의 전쟁 수행 능력으로 귀결되는 것이 대표적이다. 그러므로 문제는 접대가 필수로 여겨지는 한국 사회에서 능력이라는 가치는 애초에 남성들만 가질 수 있는 것이라는 점이다.

버닝썬 게이트와 여성 동원의 정치

글로벌 시대 성별화된 발전과 접대의 문제는 2019년 '버닝썬 게이트'에서 가장 파국적으로 드러났다. '버닝썬 게이트'를 통해 우리는 성매매, 불법 촬영, 약물강간 등 '새롭지 않은 것들의 새로운 조합 방식'을 목격했다. 그리고 실로 '강간 비즈니스'라 부를 수 있는 거대한 규모의 공모 조직과 그들의 태연한 일상에 경악했다. 발전주의 시대 정부 기획 매춘은, '한류 시대' 엔터테인먼트 매춘으로 완벽하게 계승되고 있었다.

27세의 승리는 자신의 생일파티를 위해 필리핀 팔라완으로 150명의 손님을 초대했고 여기에 6억 원의 비용을 지출했다고 한다. 이 생일파티에서 버닝썬 투자자들을 대상으로 사업설명회가 열렸고, 성매매가 알선되었다. 그리고 버닝썬 초기 투자금으로 린사모가 10억 원, 전원산업이 12억 2500만 원, 승리가 2억 2500만 원을 냈다. 1995년부터 강남구에서 리츠칼튼서울을 운영한 전원산업은 2017년 르메르디앙서울을 개관했고, 클럽 버닝썬은 2018년 2월 이 호텔 지하에서 오픈했다. 버닝썬은 임대료로 보증금 없이 월 1666만 원을 매달 전원산업에 지급했는데, 이 금액은 전원산업에 출자금을 돌려준 것으로 사실상 버닝썬은 공짜로 호텔 건물에 임차하고 있었던 것이다. 대신 전원산업은 수익의 30퍼센트를 가져갈 수 있도록 이면 계약을 맺었다. 버닝썬의 성공

이 투자자들의 막대한 수익으로 직결되는 구조다.

버닝썬 흥행에 핵심에는 승리가 있다. 그리고 이 '승리'라는 영광스러운 이름은 세 종류의 여성들이 만들었다. 여성팬, 살아 있는 여자, 그리고 죽은 여자. (린사모로 대표되는) 아시아 금융 자본과 (전원산업으로 대표되는) 강남 부동산 자본이 한류 스타 승리의 명성과 그가 동원할 수 있는 연예계 인맥이라는 가치에 투자했고, 그 결과 클럽 운영을 명목으로 각종 추악한 범죄를 저지른 '버닝썬 카르텔'이 탄생하고 또 공고해질 수 있었다. 그는 각종 방송에서 '승츠비'라 불리며 자신의 사업 능력을 과시하고 확장했고, 그 결과 2016년 3월에 설립된 유리홀딩스의 홍콩법인 투자회사 BC홀딩스는 1년 만인 2017년 약 335억 원을 운용하게 되었다. 이 BC홀딩스는 굵직한 운용사인 페레그린 인베스트먼트와 공동으로 베트남 등에 투자할 수 있는 공동 사모펀드를 조성하려고 했고, 이를 위해 승리는 일본 건설회사 대표, 베트남 부동산 재벌, 홍콩 재벌 등 수많은 거물급 아시아 투자자를 만났다. 그는 이러한 외국인 투자자 접대 자리에 여성들을 동원했는데, 이때 동원된 여성들은 물론, '한국 여성'들이다. 헌신적인 여성 팬들은 승리를 한류 스타로 키워냈지만, 한류 스타 승리는 아시아 투자자들로부터 투자금을 유치하기 위한 접대 자리에 '한국 여성'들을 적극적으로 활용하고 동원했다.

승리를 위시한 '버닝썬 카르텔'을 궁극적으로 결속시키는 요인은 클럽에서 발생하는 수익금이다. 버닝썬의 하루 매출은 카드 결제 매출로만 보았을 때 1억 5000만 원에서 2억 원에 달했다고 하는데 이 수익의 대부분은 테이블을 잡아 술을 마시는 남성 고객들의 주머니에서 나오는 돈이다. 버닝썬은 남성 고객들이 기분 좋게 술과 테이블을 살 수 있도록 최적의 환경을 제공했다. 클럽 버닝썬 입구에는 수천만 원짜리 샴페인과 위스키로 구성된 1억 원의, 그 이름도 천박한 일명 "만수르 세트"가 진열되어 있었다고 한다. 클럽에서 테이블 손님이 고가의 세트 메뉴를 주문하면 비키니, 교복 등을 유니폼으로 맞춰 입은 '샴페인 걸'이 폭죽을 쏘면서 요란하게 세트 메뉴를 남자 손님의 테이블까지 배달해주곤 했다. 이러한 '샴걸'의 퍼포먼스는 남성 손님의 구매력을 과시하고 이들의 경쟁적 소비를 촉진하는, 다시 말해 클럽에 존재하는 성별화된 구매력을 가시화하고 강화하는 장치로 활용되었다.

"여자가 있으면 손님은 온다."는, 성매매 업소를 떠도는 오랜 명제는 클럽에서도 마찬가지로 통용되었다. 여성들은 일반적으로 강남 클럽에 무료 입장할 수 있으나, 외모나 옷차림이 미달하는 여성은 클럽 가드에 의해 입구에서 입장이 제한된다. 수백 명의 MD가 여자 손님들을 유치했고 물 좋은 게스트, 소위 "물게"라 불리는 여자 손님들에게 주류 서비스 등 특별한 대우를 제공했다. 클럽에서는 일반 여성 손님 한 명을 유치하는 MD에게는 4000원을, "물게"를 유치하는 MD에게는 1만 원을 수당으로 지급했다고 한다. 클럽 버닝썬이 그렇게까지 몸집을 키울 수 있고, 승리가 아시아의 투자자들로부터 큰 신뢰를 얻을 수 있었던 배경에는 이와 같은 전략에 의해 버닝썬 클럽을 가득 채운 '살아 있는 여자들'이 있다. '강남에 위치한 한류 스타 승리의 클럽 버닝썬에 젊고 예쁜 한국 여성들이 가득 모여 있다.' 투자를 유치하기 위해 이보다 중요한 설명은 없다. 이렇게 여성들이 제공하는 클럽의 스펙터클을 통해 승리는 사업가로서의 능력을 인정받고 권능을 얻었다.

'살아 있는 여자'뿐 아니라 '죽은 여자'도 승리의 권능을 증명했다. 버닝썬에서는 공공연하게, 때로는 은밀하게 강간

약물이 거래되었다. 피해자 여성들은 남성들이 건네는 술을 마시고 정신을 잃었고, 클럽에서 호텔에서 강간을 당한 것도 부족해 그 과정이 고스란히 영상으로 촬영되고 유통되는 것을 지켜봐야 했다. 단톡방에서 영상을 돌려보며 "기절이잖아.", "강간했네."라고 키득거리던 가해자들은 법정에서 "합의 하에 이루어진 성관계였다."고 뻔뻔하게 주장하고 있다. 승리는 한류를 등에 업고 사업가로 성장하고 있었지만 승리를 키워낸 '한국 여성'들은 '버닝썬 유출 영상'이라는 타이틀과 함께 인종화되어 글로벌 포르노 시장에서 소비되고 있다. 그리고 '버닝썬 유출 영상'을 돌려보던 이들은 자신이 직접 주인공이 되고자 버닝썬에 모여들었다.

이처럼 클럽 관계자, 성폭력 가해자, 불법 촬영자, 불법 촬영물 공유자에 의해 통제되고 조절된 여성들의 육체가 만들어낸 한국 클럽의 스펙터클은 글로벌 투자자, 아시아 재벌, 한국 남성들이 강남의 버닝썬 클럽에서 주류와 테이블 비용을 지불하기 위한 선결 조건이 되었다. 나아가 한류 아이돌 사업가는 이렇게 보증된 여성들의 육체를 통해 자신이 운영하는 회사의 투자 가능성을 확장해나갔다. 환대하는 여성들, '접대'라는 미명 하에 성매매에 동원된 여성들, 살아 있는 여자, 죽은 여자의 육체는 한국에서 국가와 남성의 권능을 증명하는 징표로 간주되었다. 발전을 일구는 일에 성차별적 역할이 부여되고, 심지어 성범죄가 권장되었던 역사를 돌아보건대 우리는 발전에 대한 새로운 열망, 상상력을 모색하지 않을 수 없다. 발전주의가 내재한 여성 차별적 카르텔을 돌아보고 해방적 재개념화를 필요로 하는 이유다. 또한 여성에 대한 폭력을 통해 수익을 거두는 클럽, 기획사, 글로벌 투자회사 등 전방위적 산업 시스템과 남성들의 일상 문화에 대한 철저한 조사와 수사를 촉구해야 할 것이다.

페미니스트 타임워프

박차민정

'군대 가정'과 '계간'하는 시민

군형법 제92조의 6
그리고 '동성애 반대'

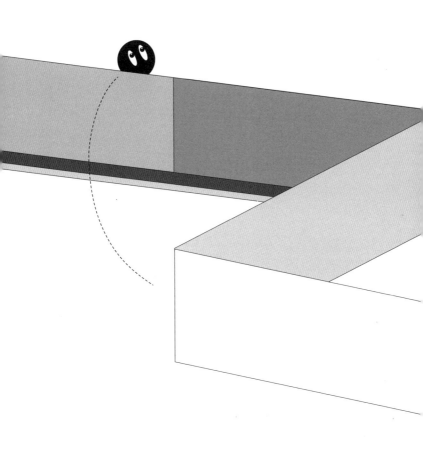

'국방전력의 약화'라는 신화

"군 동성애는 국방전력을 약화시키는데, 어떻습니까? 거기는?" "예 그렇게 생각합니다." "그래서 동성애 반대하십니까?" "반대하지요." "동성애 반대하십니까?" "그럼요." ······ "분명히 동성애는 반대하는 것이죠?" "네 저는 뭐 좋아하지 않습니다."[1]

육군참모총장의 지시로 육군이 광범위한 동성애자 군인 색출 수사를 벌였다는 군인권센터의 폭로[2]가 있은 지 일주일 후, JTBC 대통령 후보 초청 토론회에서는 위와 같은 문답이 오갔다. 토론회 후 성소수자 단체와 시민사회단체들의 강한 항의를 받은 당시 문재인 후보는 "성소수자에게 아픔을 드려 송구하다."라고 사과하고, "사적인 공간에서 이뤄지는 동성애에 대해서 아무도 간섭하거나 개입할 수 없지만 군대 내 동성애 허용에는 찬성하지 않는다는 입장을 말한 것"이라고 '반대' 발언의 의미를 한정했다.[3]

하지만 다음과 같은 질문들은 여전히 남아 있다. 개병제의 원칙을 채택하고 있는 한국 사회에서 동성애자가 차별받지 않는 동시에 군 안에 존재해서는 안 된다고 하는 이 요구는 과연 실현 가능한 것인가? 보다 근본적으로, 복무 기간 동안 동성애자에게만 일방적인 '클로짓closet'의 의무를 부과하는 '국방전력의 약화'라는 신화는 무엇에 근거한 것인가? 한국의 군 안에서 '동성애'가 의제화된 역사적 맥락들을 통해, 이런 집합적 상상들의 배후에 놓인 전제들을 검토해보고자 한다.

'행위'에서 '정체성'으로

군 안에서 동성애를 막는 법적 조절 장치로 가장 주목받아온 제도는 현재까지 작동하면서 남성 간의 성행위(소위 '계간')에 대한 직접적인 처벌을 명시하고 있는 군형법 제92조의 6*이다.

이 조항은 1946년 미군정하에서 미육군전시법the Articles of War of 1920에 기초해 국방경비법을 작성하는 과정에서 만들어진 것으로 알려져 있다.[4] 당시 미국 다수의 주들은 영국모법의 영향을 받아 남성 간의 성행위를 '자연에 반하는 죄악'인 소도미 행위 중 하나로 간주하여 처벌하는 법을 가지고 있었다.[5] 1920년 미육군전시법 역시 이런 법적 전통 안에서 소도미에 대한 처벌 조항을 포함하고 있었으며, 이에 번역을 담당한 한국인 법률가[6]는 이 낯선 용어를 1946년 당시 자신의 세대에 친숙한 보다 전통적인 용어인 '계간'** 으로 번역했던 것이다.[7]

그리고 5·16 쿠데타 이후 등장한 군사정부는 군형법을 만

---

* 1962년 제정된 군형법은 "계간 기타 추행을 한 자는 1년 이하의 징역에 처한다."고 규정했다. 이 조항은 2009년 개정 시 오히려 징역이 "2년 이하"로 강화되었으며, 2013년 개정에서 강화된 형량을 유지한 채 "계간"에서 "항문성교"로 표현만 변경되었다.

** '계간', '비역', '남색'과 같은 용어들은 전통적으로 중국, 한국, 일본 등지에서 남성 간의 성행위를 지칭하기 위해 사용된 용어들이다. 특히 '계간'과 '남색'은 1920~30년대에 동성애, 동성연애와 같은 근대적 번역어들이 수입되어 정착된 후에도 여전히 함께 사용되었다. 그러나 해방 후 한국 사회에서 미국 정신의학의 영향력이 증대됨에 따라 새로운 용어들로 대체되는 경향이 뚜렷하게 발견된다.

드는 과정에서, 기왕의 국방경비법 조항들 다수를 그대로 계승했는데, 여기에 계간에 대한 처벌 조항도 포함되었다. 이런 과정을 거쳐 '자연에 반하는 죄악'인 소도미 처벌 조항은 본래의 종교적·법적 맥락으로부터 분리되어, 한국 사회에 계간 처벌 조항으로 '불시착'하게 되었다.

하지만 초기에 계간죄에 대한 처벌이 특별히 동성애자라는 정체성을 표적으로 고안된 것은 아니었다. 실질적으로 소도미법을 운영했던 미군 역시 2차 세계대전 이전까지 남성 간의 '성행위'만을 규율했을 뿐, 동성애자라는 '정체성'을 근거로 병사들을 해고하지 않았다. 그러나 2차 세계대전 동안 미군의 징집 정책에는 근본적인 전환이 일어나기 시작했다. 1920~30년대 미국 사회에서 꾸준히 영향력을 확장해온 정신의학은 군복무와 전투에 부적합한 특별한 인격장애 유형들을 식별하고, 이들을 징병 단계에서 배제하기 위한 정신의학 스크리닝을 연구 개발하기 시작했다. 그리고 이 과정에서 동성애자 정체성은 군에 복무하기 부적합한 인격장애의 한 유형으로서 새롭게 이론화되었다.[8]

초기 이론가들은 동성애 성향이 세 가지 인격장애의 형태(성적 사이코패스, 편집증적 인격, 정신분열증적 인격)들과 연결되어 있다고 주장했다. 동성애자는 군복무에서 배제되어야 하는 다른 남성들과 마찬가지로 자신의 욕망을 통제하지 못하며, 따라서 다른 남성들을 위협한다(성적 사이코패스). 동성애적 성향은 또 편집증적 인격과 정신분열증적 인격과도 연관되는데, 이들은 일반 사회에서는 대체로 문제없이 생활할 수 있지만, 사생활이 보장되지 않는 군의 집단생활에 적응하기에는 지나치게 내성적인 성격을 가진 것으로 가정되었다. 따라서 그들은 군에서 다른 병사들의 적대감을 불러일으키는 존재다. 즉 남성 동성애자는 자신의 동성애적 욕망을 강제로 충족하고자 하는 성적 일탈자이거나, 그렇지 않다면 훌륭한 병사가 되기에는 지나치게 여성스럽고 '계집애' 같은 젠더 일탈자로 여겨졌다.[9]

이렇게 군의 정신의학 스크리닝 개발 과정에서 정교화된 동성애자 배제의 논리는 미국 정신의학회가 발행한 『정신질환의 진단 및 통계 편람』(이하 DSM) 초판본에 그대로 반영되었다. 의료진의 임상 처방에 도움을 주기 위해 제작된 이 매뉴얼의 1952년 첫 판본은 동성애를 반사회적 인격장애 항목 아래에 포함했다.[10]

동성애가 정신질환이자 병든 인격 유형의 하나로 정의됨

에 따라, 미국 사회의 관심은 동성 간 성행위를 처벌하는 것이 아니라, 동성애 성향을 가진 이들을 미리 식별하고 이들을 관리 감독하는 장치들을 확장하는 방향으로 이동했다. 1953년 아이젠하워 대통령이 서명한 행정명령 10450으로 동성애자의 군복무뿐만 아니라 모든 정부고용직 고용이 금지되었기 때문에, 지원자들의 동성애 성향을 식별해내기 위한 다양한 검사 방법들이 현장에 적용되었다.[11] 미국 사회에서 1970년대 이전까지 가장 광범위하게 사용된 검사는 바로 로르샤흐 검사였다.[12] 그리고 이 검사법은 1971년 한국의 징병검사에 "인성검사"라는 이름으로 도입되었다.[13]

인성검사와 병사의 자격

한국군이 1971년에 이런 정신의학 스크리닝 제도를 도입하게 된 것은 군이 당면한 위기들을 돌파하기 위한 자구책의 성격이 강했다. 1968년 이후 한국군은 상당히 심각한 문제에 직면해 있었는데, 그것은 지나치게 빈번한 장병범죄와 악화된 군에 대한 여론이었다.

"태평연월을 구가하던 한국군에 혁명을 가져왔다는"[14]

1968년 1·21 사태(청와대 습격 사건)는 박정희 정부가 한국 사회에서 군사화를 진행하는 데에 중요한 전기를 가져온 사건이었지만, 동시에 군 내부에 커다란 불안 요소를 안겨준 사건이기도 했다. '전쟁 도발'에 맞선 전력 최대화로 평소보다 4~5배 이상 무기와 탄약[15] 사용이 늘어난 상황에서, 군사적 긴장으로 인해 복무 환경이 더욱 악화되었기 때문이다. 만성적인 배급 부족[16]뿐 아니라, 24시간 완전무장 상태에서 이어지는 경계, 훈련, 진지 구축 공사는 병사들에게 큰 고통이었다.

이런 군의 현실은 고도성장에 따른 소득 수준 상승으로 소비가 급격하게 활성화되기 시작한 1960년대 후반 후방의 생활과 체감적으로 큰 대조를 이루었다.[17] 전방과 후방 사이에는 미묘한 긴장이 조성되었는데, 1968년에 한 젊은 장교는 후방의 정신무장 상태를 힐난하며 6·25 당시 "목숨을 걸고 전선에서 싸우다가 피난 수도 부산에 돌아온 병사들이 미친 듯 흥청대는 후방의 꼴을 보고 아무렇게나 총질을 했던" "쓰라린 경험"을 기억하라고 경고했다.[18] 이런 적개심이 비단 이 젊은 장교만의 개인적인 감상이 아니라는 사실은 곧 드러났다. 강도 높은 군사화의 과정이 병사들에게 전가했던 압력과 사회 일반에 비해 낙후된 군의 현실은 분노에 사로잡혀 "무고한 시민들에게 총기를 쏘아대는"[19] 장병범죄로 분출되었다.

1968년 휴가병이 극장 안에 수류탄을 던져서 민간인 5명이 폭사하고 49명이 중경상을 입은 안동 수류탄 사건[20]을 시작으로, 총기를 갖고 탈영한 병사가 변심한 애인을 인질로 감금하고 군경과 32시간 대치 끝에 잡힌 춘천 사건, 양구와 목포에서 벌어진 다방 점거 사건 등 이 시기의 장병범죄는 전형적으로 민간인을 대상으로 한 인질극과 농성의 형태를 취하며 사회문제로 부상했다. 최악의 '총기사고' 기록을 남긴 1970년을 기점으로 국방부는 장병범죄를 막기 위한 여러 특별 지시를 하달했지만, 범죄는 증가일로에 있었다. 1971년 상반기에만 김포 해병 총기난사 사건, 용두동 택시운전사 사살 사건, 정부의 3남매 사살 사건, 대구 77다방 수류탄 위협 사건 등 7건에 달하는 굵직한 장병범죄가 발생했으며, 국방부와 군 책임자들은 너무 자주 범죄가 일어나 "국민들에 대해 죄송하다는 말조차 하기가 쑥스러워졌다."[21]고 자평할 정도였다. 연이은 범죄 발생으로 인해 제대로 된 예방책조차 제시하지 못하는 군에 대한 비판 역시 함께 고

페미니스트 타임워프

조되었다. 1970년에 한 독자는 "총기사고가 북괴의 도발행
위만큼이나 국민을 두렵게 만들고 분노의 감정에 사로잡히
게 만든다."고 썼다.[22]

군이 '인성검사'라는 새로운 정신의학 스크리닝을 징병검
사에 도입하겠다고 발표한 것은 술에 취한 해병하사가 중대
본부 막사에 수류탄을 던지고 인근 민가에 M16소총을 난
사해 시민 일곱 명을 살해하고 두 명에 중상을 입힌 1971년
김포 해병 총기난사 사건 직후였다. 해병대 사령부는 범인인
하사가 "고아 출신으로 평소의 소외감이 정신착란으로 폭발
했다."라는 공식 입장을 내는 한편, 국방부는 과학적이고 엄

정한 '인성검사'를 도입해, 정신병 환자나 간질병 환자뿐만 아니라 이런 "반사회적 기질"을 가진 자를 색출해 징병 단계에서 배제할 것이라고 발표했다.[23]

이 시기 한국 사회에서 '정신착란'이 특별한 사회적 반향을 가진 용어였다는 점은 주목할 만하다. 1967년 7월 29일 원성에서 26세 청년이 '정신착란' 상태에서 식칼과 쇠망치로 어린이 네 명과 청년 한 명을 살해하고 스무 명을 부상 입힌 사건 이래로, 1968년 하반기에는 순창, 예산, 칠곡, 안동 등지에서 정신질환자에 의해 총 열한 명이 살해되었다.[24] 이 비극적인 사건들의 원인에는 정신질환에 대한 체계적인 관리 제도의 부재와, 정신과 병원과 병상이 부족한 의료 현실이 놓여 있었다. 정신질환자의 38.3퍼센트가 치료를 받지 못하고 방치되어 있는 상황[25]이었지만, 국가는 예산 문제를 들어 수용환자 수를 소규모로 증원하는[26] 소극적인 대응을 취했다. 이런 대응은 '정신착란' 범죄를 근본적으로 줄이는 데 도움이 되지 못했다. 범죄는 연이어 발생했고 대중들은 두려움에 빠졌으며, 사회적 해결이 요원한 상황에서 이런 두려움은 쉽게 정신질환자 개인과 '정신착란'에 대한 공포와 낙인으로 전이되었다.

이런 배경 속에 군은 각종 장병범죄의 동기를 일관되게 개인들의 '정신착란' 때문이라고 주장했다.[27] 실제 1969년 일어난 군 범죄 총 2만 건 중 '정신장애'가 원인이 된 범죄는 20.8퍼센트[28]에 불과했지만, 군은 장병범죄의 해결책으로 복무 기한 단축이나 군 내부 민주화를 주장하는 여론의 압력에 맞서, 정신질환 및 '정신착란'에 대한 낙인과 편견에 호소했다.

결과적으로 1971년 징병검사 과정부터 '인성검사'가 도입되었다. 인성검사의 점수는 학력 및 체력 점수와 종합 합산되어, 종합점수에서 최하위 점수를 받은 이들은 입영 대상에서 제외되었다.[29] '인성검사'의 도입은 군이 안고 있었던 또 다른 문제의 해결책이기도 했다. 당시 군은 주민등록증 제도와 같은 효율적인 인구통제 제도의 도입과 군 복무 기간 연장[30]으로 수용 능력을 넘어서는 병역 자원을 확보하고 있었다.[31] 이미 1960년대 후반부터 개병제 원칙을 관철하기 위해 이루어진 대대적인 단속과 처벌, 해고로 인해 병역을 마치지 않은 징병 연령대의 남성들은 직장을 얻는 것은 고사하고 단속 탓에 거리를 다니는 일조차도 어려웠지만,[32] 막상 군은 입영을 원하는 모든 남성을 수용할 능력이 없었다.

징집 순서를 기약 없이 기다리며 공적 시민권으로부터 유예되어 있는 남성 집단은 또 다른 사회 불안정 요소였다. '인성검사'의 도입은 군복무에 보다 엄격한 자격 기준을 부여함으로써 '부적절한' 지원병들을 입영 단계부터 탈락시킬 수 있다는 점에서 유용했다.

흥미로운 점은 군이 '인성검사' 도입 이전부터 군복무와 전투에 부적합한 병사에 대한 분명한 전형을 가지고 있었다는 점이다. 1968년 국방위원회 정책질의에 참가한 당시 국방장관 최영희는 일련의 "군기 문란 사건"은 "가정 상태가 극빈하거나 불우하고 학교 교육이 결여"한 병사들 때문이라고 주장했다.[33] 마찬가지로 김포 해병 총기난사 사건 직후 해병대 사령부는 범인인 하사가 "고아 출신으로 평소의 소외감이 정신착란으로 폭발했다."라는 조사결과를 발표했다. 불과 며칠 후 하사의 아버지의 증언에 의해, 그가 고아가 아니라 부모와 일곱 명의 형제가 있으며, 5000평의 과수원과 논 1600평을 보유한 부농 집안의 자녀라는 점이 밝혀졌다. 해병대 사령부의 발표는 조작이었다.[34] 이 소극은 군이 관철하고자 했던 '문제사병'이 누구였는지를 선명하게 보여준다. 사회적으로 소외된 집단의 구성원들은 이미 반사회적 범죄를 저지를 가능성이 높은 집단으로 전제되었으며, 바로 그 이유 때문에 군으로부터 가장 먼저 배제되어야 할 집단이었다.

이 단계에서 동성애자는 아직 뚜렷이 구분되는 위험 집단으로 언급되거나 인식되지 않았다. 오히려 동성애자는 정신의학 스크리닝 제도의 도입의 결과 이식된 새로운 앎의 체계를 통해, 병리적이고 소외된 존재로서 뒤늦게 '발견'되었다. 국방부는 1978년 12월 7일 개정(1979년 1월1일 시행)된 '징병신체검사등검사규칙'에야 "성도착"이라는 항목을 추가했다.[35] 또 1982년에 군인사법 시행규칙을 제정하면서, "변태적 성벽자"를 현역 복무 부적합자로 지목하고, 밝혀지는 경우 제대시킬 수 있도록 규정했다.[36]

한국군이 동성애자를 "성도착", "변태적 성벽", "성선호장애"[37]와 같은 방식으로 군의 제도와 정책안에 기입한 시점은 정신의학계가 공식적으로 '동성애' 질환 모델을 파기하고 '동성애'를 DSM의 정신질환 항목에서 삭제한 1973년 이후였다. 계간의 죄가 종교적·사법적 기반 없이 군형법 안에 '불시착'한 것과 마찬가지로, 동성애자 질환 모델에 기반을 둔 병리화와 배제는 의학적 확신이 의문에 부쳐진 시점에서 도입되었다.

'군대 가정'과 민주주의

한국군에 중요한 영향을 미친 미군의 동성애 관련 정책은 동성 간의 성관계를 처벌하는 소도미 모델에서, 동성애자를 군복무에 부적합한 인격유형으로 배제하는 질환 모델을 거쳐, 오랜 논란 끝에 동료 시민으로서 성소수자의 동등한 복무 권리를 보장하는 방식으로 변화해왔다. 각 정책들은 힘의 교착 상태 속에서 과도기적으로 공존하기도 했지만, 기존의 정책이 전제하는 이해의 방식에 도전하고 이를 해체하는 과정을 통해 발전해왔다.

반면 군의 주도로 제도들이 선택적으로 이식되어온 한국의 경우, 동성애 관련 정책들의 위상과 관계는 보다 모호하다. 한국군은 군의 팽창 과정에서 치솟는 사회적 비용을 소수자들에게 전가함으로써 군사화에 대한 대중의 반발을 누그러뜨리고자 했다. 이 결과 군 내부에서 역시 소수자들에 대한 배제가 제도화되었다. '인성검사'는 정신의학 진단 체계를 징병검사 안에 결합함으로써 이러한 배제를 정당화하는 강력한 도구였다. 평소 '소외감'을 느끼기 쉽기 때문에 범죄를 저지를 가능성이 높은 집단으로 여겨졌던 사회적 소수자들은 이제 '반사회적 인격장애' 같은 새로운 진단명을 통해

제56조 (현역복무 부적합자 기준) ①영 제49조 제1항제1호에 규정된 자는 다음 각호의 1에 해당하는 자를 말한다.

1. 발전성이 없거나 능력이 퇴보하는 자
2. 판단력이 부족한 자
3. 지휘 및 통솔능력이 부족한 자
4. 지능정도가 낮은 자
5. 군사보수교육을 받을 능력이 없는 자

②영 제49조제1항제2호에 규정된 자는 다음 각호의 1에 해당하는 자를 말한다.

1. 사생활이 방종하여 근무에 지장을 초래하거나 군의 위신을 손상하게 하는 자
2. 배타적이며 화목하지 못하고, 군의 단결을 파괴하는 자
3. 근무처 또는 타인에게 위험을 초래하게 할 성격의 결함이 있는 자
4. 변태적 성벽자

72. 성격장애 및 성도착증, 특수증상(야뇨증, 언어장애등)		
(1) 성격장애 및 성도착증		
가. 경도	2 ᄃ	2 ᄃ	2 ß
나. 중등도	3	3	2 ᄃ
다. 고도	3	3	3

한국군이 동성애자를 제도와 정책안에 "성도착"과
"변태적 성벽자"로 기입한 시점은 '동성애'가 DSM의
정신질환 항목에서 삭제된 1973년 이후였다.

분류되고 징병 관련 문서에 기록되었다.

한국에서 동성애자들이 군으로부터 배제되어야 할 특별한 인격 유형으로 군 당국에 포착되기 시작한 것 역시 이러한 '인성검사' 체계의 도입에 따른 사후적인 결과였다. 정신의학 진단 체계를 본격적으로 도입한 결과, DSM에 "반사회적 인격장애" 항목의 하나로 규정되어 있던 "동성애"가 징병과정에서 중요한 식별 범주로서 위상을 획득하게 되었던 것이다.

이렇듯 군형법에 계간죄가 삽입되고, 징병검사에서 동성애자가 선별 대상으로 등장하는 변화들은 다분히 우연의 산물이었다. 그러나 우연히 정착한 이러한 제도들은 한국 사회의 가부장적인 군대 문화와 결합하면서, '군에서 배제되어야 할 존재로서 동성애자'라는 자연화된 강력한 신념을 생산하고 있다.

그리고 이러한 신념들은 군뿐만 아니라 한국 사회 전반에 단단히 뿌리내리고 있다. 헌법재판소는 2016년 위헌 재판에서 해당 조항에 대해 재판관 5(합헌) 대 4(위헌)의 의견으로 '합헌 결정'을 내리며 "군대가정의 성적 건강 유지"[38]라는 입법 취지를 인정한 바 있다.

그러나 성소수자인 여군 부하에게 성폭력을 가한 상관 두

명이 고등군사법원 무죄 판결을 받은 최근의 사건[39]은 한국 사회가 그토록 중요하게 지키고자 하는 "군대가정의 성적 건강"이 무엇인가를 질문하게 한다. 빈번하게 발생하는 군 성폭력 사건과 이에 대한 군의 퇴행적인 대응, 대조적으로 적극적인 성소수자 군인에 대한 색출 작업은 군의 '성적 건강'이나 '국방전력'을 약화시키는 주범이 소수자들이 아니라, 내부의 차이를 폭력적으로 배제하고 구성원의 자격을 위계화해온 비민주적인 군의 구조 그 자체라는 점을 분명하게 보여준다.

지금 대법원은 군형법에 따라 1·2심 군사법원에서 유죄 판결을 받은 네 명의 성소수자 군인에 대한 재판과 고등군사법원에서 무죄 판결을 받은 해군 상관에 의한 성소수자 여군 성폭력 사건에 대한 재판을 앞두고 있다. 군대는 왜 다양한 차이들이 공존하는 장이 될 수 없는가? 이제 이 질문을 함께 고민해야 할 시점이다.

김신현경

누가 장자연을 죽였나?

10·26의 여성 연예인들
그리고 고 장자연 사건[1]

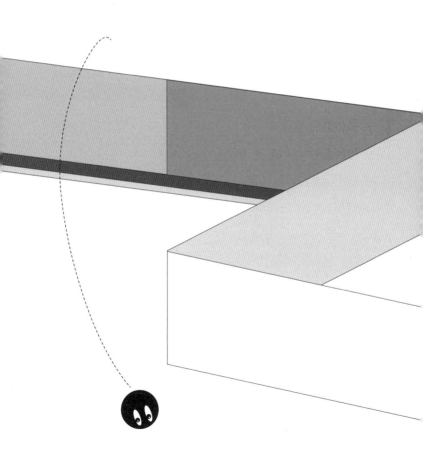

고 장자연이 돌아왔다?

2009년 3월 7일, 그즈음 인기리에 방영 중이던 드라마 「꽃보다 남자」에 단역으로 출연해 얼굴을 알린 한 신인 배우가 자살했다. 그녀가 남긴 문건에는 소속 기획사 대표의 사업을 위한 술자리 동석, 폭행, 협박, 사기 정황과, '성접대'를 한 고위급 인사들의 이름이 적혀 있었다. 이것이 세간의 관심을 모은 '장자연 리스트'의 시작이었다. 그렇지만 경찰의 초기 대응은 미심쩍기 짝이 없었고, 여러 관계자들은 축소 수사 의혹을 강하게 제기했다. 결국 2013년 10월 장자연의 전 소속사 대표와 문서를 공개한 전 매니저의 형이 확정되는 것으로 이 사건은 끝난 듯 보였다.

이 사건이 다시 사람들의 입길에 오르내리기 시작한 것은 2018년 4월 2일 법무부 검찰과거사위원회가 재조사 사전조사 대상으로 이 사건을 선정하면서부터다. 앞서 2017년 9

월 29일, 법무·검찰개혁위원회는 검찰과거사위원회를 둘 것을 권고했고, 12월 12일 검찰과거사위원회가 발족했다. 이는 촛불시위로 들어선 새로운 정부의 역사적 사명인 '적폐청산'의 일환으로 기획된 것이었다. 검찰과거사위원회는 '고 장자연 사건'과 김학의 전 법무차관의 '성접대' 의혹 제기 사건에 대해 대검찰청이 재조사할 것을 권고했는데, 이는 두 사건을 한데 묶어 '권력형 성접대' 사건으로 위치 짓는 효과를 발휘했다. 아니나 다를까, 고 장자연 사건을 다룬 기사 아래 달린 댓글은 리스트에 관계자의 이름이 있다고 알려진 유력 일간지와 여성계에 대한 규탄으로 가득 차 있을 뿐, 그녀의 피해에 대한 구체적인 관심은 찾아보기 어려웠다.

이 사건을 여성에 대한 폭력과 인권 침해로 보는 시각도 있어왔다. 2009년 사건 발생 직후 국가인권위원회는 한국여성정책연구원과 함께 여성 연예인 인권 침해 실태를 조사했다. 이 조사에 의하면, 조사 대상 여성 연기자의 반 이상이 술자리에서 시중을 들라는 요구나 방송계 사람들을 포함한 관계자들에게 '성접대'를 하라는 요구를 받은 적이 있다고 했다.[2] 여성운동 단체들은 사건 발생 직후부터 철저한 진상 규명을 요구하며 가두시위와 기자회견을 진행했으며, 이는

페미니스트 타임워프

2016년 강남역 살인 사건, 그 직후 터져 나온 여성혐오 반대 물결, '○○계 내 성폭력'으로 통칭되는 문화예술 및 연극·영화계 성폭력 사건들에 대한 고발, 그리고 미투운동으로까지 숨 가쁘게 이어져왔다. 그러니 여성계가 이 사건에 대해 아무것도 하지 않았다는 오해는 의도적이며 악의적이다.

그러나 이런 시각도 고 장자연 사건이 어떤 사건이었는지를 충분히 이해하고 있는 것 같지는 않다. 대표적 미디어문화 잡지 《씨네21》은 2016년 말부터 2017년 초까지 11회에 걸쳐 영화계 내 성폭력 이슈를 제기하는 시리즈 기사를 실었는데, 고 장자연 사건은 단 한 번도 언급되지 않았다. 사건 당시 그녀가 방송에 얼굴을 알릴 즈음이었고, 영화에는 사후 개봉된 단 한 편에 출연한 신인이었기 때문일 수 있다. 그러나 수많은 영화 관계자들이 프리프로덕션부터 마케팅과 홍보에 이르기까지 영화업계 구석구석에 만연한 성희롱과 성폭력을 토론한 자리에서 이 사건이 언급조차 되지 못했다는 것은 생각해봐야 할 문제다. 그러니까 장자연, 그녀가 돌아오기는 돌아왔지만 도대체 어느 자리로 돌아온 것인지 혹은 어느 자리로 돌아와야 하는지는 우리 모두 아직 알지 못하고 있는 것이다.

남성 동맹과 여성 연예인의 성

여기서 잠시 40년 전으로 거슬러 가보자. 1979년 10월 26일, 당시 중앙정보부장 김재규가 "야수의 심정으로 유신의 심장을 쏘았다."고 한 박정희 암살 현장은 중앙정보부장, 비서실장, 경호실장과 젊은 여성 두 명이 동석한 소위 '대연회' 자리였다. 이로써 당시 소문으로만 떠돌던 안가(안전가옥)며 채홍사, 대통령의 여자관계 등이 수면 위로 떠올랐다. 또 이날 동석한 여성들이 모델 겸 배우였던 모 대학 연극영화과 재학생과 당시 전국적 인기를 끌던 가수였음이 밝혀지면서 더해진 풍문은 당시 은밀하게, 그러나 공공연하게 회자되었던 남성 정치인과 여성 연예인 간의 '성적 거래'를 사실화하는 효과를 낳았다. 그 후 오랫동안 여성 연예인을 둘러싼 성애화된 추문은 이들의 존재 양식을 규정해왔다.

고 장자연의 전 동료 윤지오는 이런 역사적 유산이 오늘날에도 지속되고 있음을 증언했다. 그녀는 자신도 장자연과 함께 정재계 및 언론계 남성들을 대상으로 한 술자리 접대를 강요받았다고 진술했다. 또 유서라고 알려졌던 문서가 실은 해당 기획사를 벗어나기 위해 작성된 문서일 가능성에

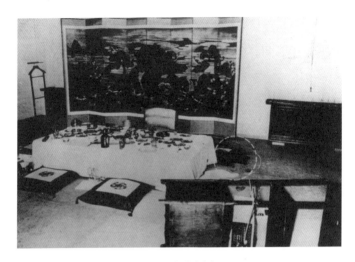

**박정희 암살 현장은 소문으로만 떠돌던 남성 정치인과
여성 연예인 간의 '성적 거래'를 사실화하는 효과를 낳았다.**

대해서도 구체적인 정황을 들어 설명했다.[3] 그녀는 사건 직
후 진행된 조사에서 참고인으로서 이 모든 것을 진술했지
만, 자신의 진술 내용이 조용히 묻히는 것을 보고 두려웠으
며 이후 캐스팅도 끊어져 배우로서의 생활을 지속할 수 없
었다고 했다.[4] 이는 여성 연예인이 성애화된 공적 '접대부'로
취급되어온 제도와 문화, 그녀들의 섹슈얼리티를 매개 삼아
번성해온 한국의 정치·경제·언론의 남성 동맹을 '스캔들'이
아닌 명명백백한 사실로서 드러낸 것이다.

그리고 또 하나의 중요한 행위자, 술자리 접대를 강요한 '폭력적 성향의 기획사 대표'가 있다. 윤지오의 증언, 장자연이 남긴 문건 및 판결문을 종합해보면, 장자연은 '신인 배우'로서 '기획사 대표'에 의해 여러 차례 술자리나 해외골프 접대 자리에 참석해야 했고, 응하지 않았을 때에는 차량이 매각되는 등 압박을 받았으며, 이런 일이 반복되어 계약을 해지하려고 하자 과도한 위약금 부담과 협박을 받았다. 그 와중에 기획사 대표는 페트병으로 머리를 내려치는 등 폭력도 행사했다. 그러니까 그녀는 성접대 동원뿐 아니라, 사기, 구타, 언어 폭행을 일상적으로 당한 것이다.[5] 우리의 관심이 리스트와 유력 일간지에 머무르는 것으로 만족해서는 안 되는 이유다.

'신인 배우'의 '꿈'

이런 측면에서 '폭력적 성향의 기획사 대표'는 성질 더러운 한 개인이 아닌, 기왕의 남성 동맹을 이용해 영세한 수준에 머물러 있던 엔터테인먼트 업계를 남성 동맹의 한 축으로 발전시키고자 한 움직임을 대표한다고 봐야 한다.

그는 몇 개의 이름을 가진 것으로 알려진 연예 매니지먼트 업계의 유명 인물로, 1968년생이며 캘리포니아 주립대학교를 졸업한 것으로 알려져 있다. 1980년대 말 광고 통역 아르바이트로 시작해 미국 모델들의 한국 광고 출연을 여러 건 성사시키며 엔터테인먼트 업계에 입문했다고 한다. 그러던 중 1996년, MBC 전속 계약이 풀리면서 프리랜서의 길을 모색하던 당시 최고의 여자 배우와 전속계약을 맺으며 회사 규모를 더욱 확장하기 시작했다. 2000년대 초반에는 한류 바람을 타고 홍콩에도 매니지먼트사를 설립해 홍콩에서 활약하던 한국계 미국인 남성을 한국 연예업계에 데뷔시키기도 했다. 또 SKT와 KT라는 두 통신업계 거물이 연예산업에 뛰어든 2000년대 중반에는 KT 계열사가 되어 사업을 더 크게 확장할 수 있었다. 장자연은 2006년 한 제과 광고모델로 데뷔한 후 이 기획사와 전속계약을 맺었다. 윤지오는 장자연 사건에 대해 자신이 알고 있는 바를 밝힌 책 『13번째 증언』에서 당시 이 대표와 그가 운영하던 기획사가 '스타제조기'로서 명성을 얻었던 정황을 서술했다.[6]

그를 둘러싼 질 나쁜 소문들이 연예계 주변에 퍼져나가기 시작한 것은 2000년대 초반부터다. 이 기획사가 '소속 연예인들에게 성상납을 강요하며 유력 정치인과 조직폭력배들과 연계되어 있다.'는 첩보를 수집한 검찰은 2002년 내사에 착수하지만, 그는 서둘러 홍콩으로 잠적해 수사망을 피했다. 상황이 잠잠해지자 다시 국내에 들어온 그는 이름만 바꾼 기획사 간판을 다시 내걸고 사업을 계속했다. 그 후로도 연예인 성상납 의혹이 불거질 때면 그의 이름이 어김없이 오르내렸다.[7] 연예계에서는 이런 그를 광고업자로 출발해 매니지먼트업을 제대로 배우지 못한 '양아치' 정도로 취급한다. 그렇다면 장자연을 비롯해 한때 그의 회사에 소속되어 있다가 자살하거나 계약상 분쟁을 겪은 여자 배우들은 그런 '양아치'에게 걸린, 예외적으로 '재수 없는' 사례가 된다. 그렇지만 그가 한 개인에 그치지 않고 어떤 흐름을 반영한다고 보는 첫 번째 이유는 그의 경력이 1980년대 말 이후 한국 엔터테인먼트 산업의 변모와 정확히 궤를 같이하기 때문이다.

그가 1980년대 말 광고업과 매니지먼트업에 발을 들인 행보는, 1988년 이후 한국의 광고 시장이 개방되면서 시장 규모가 갑자기 증가하자 광고모델 활동을 통해 연예계에 입문하는 사례가 늘어나는 흐름을 탄 것이었다. 또 방송사 소속

페미니스트 타임워프

이던 당대 최고의 여자 배우를 영입하면서 사업 확장의 기회를 잡을 수 있었던 까닭은 방송사 공채 제도가 사라지고 매니지먼트가 산업화되던 상황과 조응한다. 2000년대 초반의 한류, 2000년대 중반 통신업계 자본의 엔터테인먼트 산업 유입도 그의 사업에는 더할 나위 없이 좋은 기회였다.

2000년대 중반 우후죽순으로 설립된 남성 한류 스타 중심의 신생 기획사들은 기존 상장사와 결합한 우회상장을 통해 적극적으로 금융자본을 끌어들였다. 이때부터 스타 배우들의 '주가'는 그야말로 천정부지로 치솟았다. 또 영화나 드라마 제작 규모가 커지면서 투자한 만큼의 이윤 회수를 보장받기 위해 스타 배우에 대한 제작 의존도가 기하급수적으로 증가했다. '스타'인 배우와 그렇지 않은 배우 간의 격차가 증가할 수밖에 없었던 이유다.

더불어 스타가 되기 위한 단계 간 격차도 증가했다. 지망생과 신인, 스타는 동일 직업 종사자라고 보기 어려울 정도로 모든 측면에서 다른 환경에 놓이게 되었다. 그러다 보니 지망생의 가장 큰 소망은 스타가 있는 '좋은' 기획사에 소속되는 것이 되었다. 그래야 그 스타에 '끼워 팔기'를 통해 데뷔하고 인지도를 높일 수 있기 때문이다. 요즘 연예인이 되고 싶어 하는 이들이 자신들을 지망생으로 생각하는지, 신인으로 생각하는지가 활동 여부보다 기획사 소속 여부에 더 크게 좌우되는 것은 바로 이 때문이다. 장자연이 문건에 남긴 "꿈을 가진 나약하고 힘없는 신인 배우"라는 표현은 바로 이런 상황을 반영하는 것으로 읽어야 할 것이다.

'신인 배우'의 '고통'

기획사 대표는 보통 소속 배우들과 자신의 관계를 '파트너 관계'로 표현한다. 계약상 동등한 두 당사자로 보는 것이다. 그러나 이는 해당 배우의 위치와 성별에 따라 달라진다. 스타 배우들은 기획사 대표와 동등한 위치에 있거나 때로는 더 큰 힘을 행사할 수도 있다. 그러나 '급'이 낮은 배우나 신인의 경우 기획사 대표와 동등한 의미의 계약 당사자이기는 쉽지 않다. 기획사의 요구를 폭넓게 수용할 수밖에 없는 상황에 처해 있는 것이다.

최근 많은 제작사들은 자체 오디션을 통해 배역을 연기할 배우를 선정하기보다 이미지와 개런티가 맞는 스타를 우선으로 섭외한 후 그 외 배역은 기획사에 일임하는 형태로 콘

텐츠를 제작한다. 그러다 보니 기획사가 소속 신인을 위해하는 가장 중요한 일은 친분이 있는 제작자들과의 '미팅' 주선이다. 제작자나 감독, 작가 들과의 점심식사, 그리고 저녁 술자리로 행해지는 '미팅'은 신인들에게 자신을 보여주고 알릴 '기회'이다.

이런 식의 배역 선정 방식이 공고해질수록 기획사에 소속되지 않은 지망생들에게는 기회조차 주어지지 않는다. 또 기획사 소속 신인들도 사적인 질문에 전부 대답해야 하고 계속되는 관찰의 시선을 감내해야 하는 '미팅'이라는 장에서는 철저히 수동적인 위치에 놓인다. 정해진 시간 안에 여러 명의 심사위원 앞에서 필요한 능력을 선보이는 오디션이 공식적인 성격을 띤다면, 미팅의 경우 비공식적 외연을 띤 공식적 성격을 지녔기에 참가자들은 이중적 퍼포먼스를 해낼 것을 요구받는다. 이런 자리에서 때로는 제작자나 감독의 성희롱도 벌어진다. 표면적으로는 신인과 제작자 및 감독, 작가 간의 비즈니스가 이루어지는 자리인 듯 보이지만 실은 이 신인을 '데리고 있는' 기획사와 제작자 간의 거래가 이루어지는 자리에서 이들이 부당한 성희롱에 항의하기는 쉽지 않다. 신인들의 항의는 '관리 안 되는 신인'이라는 이미지 리

스크를 감당해야 하는 소속사의 책임이 되기 때문이다.

엔터테인먼트 업계 관계자들과 조금만 이야기를 나눠봐도 기획사에 접근하는 돈 있고 '빽' 있는 남자들의 요구, 그리고 이들과 여자 연예인을 연결해줌으로써 사업 확장을 꿈꾸는 기획사들에 대한 경험과 증언은 차고도 넘친다. 모든 여성 배우들이 이런 경험을 한다거나 모든 기획사들이 '포주 짓'을 하는 것은 물론 아니지만, 한국 엔터테인먼트 업계의 행위자 대부분이 이런 상황에 익숙한 것만은 사실이라고 봐야 할 것 같다.

또 모든 여성 배우들이 이런 상황에 놓여 있지 않다는 것이 이런 경험들이 임의적이라는 의미는 아니다. 오히려 상황은 반대인 듯 보인다. 그러니까 여성 배우들의 섹슈얼리티는 전략에 따라 구조적으로 배치되어 있다. 'A급' 여성 배우의 섹슈얼리티는 A급으로 팔리는 이미지 관리를 위해 이런 상황에 놓이지 않는다. 이런 상황에 배치되는 것은 '그냥 그런 신인 애들'의 섹슈얼리티다. 아래는 이런 점을 짐작하게 해주는 대목으로, 2009년 당시 한 언론사 기자가 장자연 주위 인물을 인터뷰한 내용이다.

고 장자연 씨 소속사에서 일하며 장 씨를 가까이서 도와준 인물을 인터뷰했다. 그는 장 씨가 술 접대에 동원된 구체적인 내용과 돈 로비 의혹을 증언했다. ……

(장 씨가 자살에 이른 이유는 무엇인가?)

자연이가 지난해 7월 영화 「펜트하우스 코끼리」를 찍을 때부터 많이 힘들어했다. 많이 울고 괴로워했다. …… 술자리에 가기 싫다는 이야기를 많이 했다. 술자리는 물론 골프장에 가서도 직접 접대를 해야 했다. 하지만 드라마 배역을 딴 상태였기 때문에 자살할 줄은 꿈에도 몰랐다. ……

(김 대표가 신문사 사장을 불러서 접대할 수 있는 사람인가?)

그런 능력은 되는 사람이다. 초대해서 접대하는 일은 엄청 잘한다. 김 대표가 원래 광고계 일을 먼저 시작해 광고주를 많이 안다. 그래서 언론사 사장도 잘 안다.

(장 씨는 연예인인데 술자리에서 직접, 그것도 여러 번 접대했다는 부분이 쉽게 납득이 되지 않는다.)

자연이는 정상적인 배우로 돌아가고 싶어 했다. 그런데 그게 힘들었다. **김 대표가 항상 술자리에 불러냈다. 회사에서 자연이는 그런 용도로 이용당했다.** 자연이와 함께 술자리에 간

여자 연예인이 있는데 그녀가 속사정을 잘 안다.(강조 필자)[8]

여기서 '그런 용도'란, 소속 기획사가 다른 집단과 관계를 맺을 때 사용될 수 있는 매개로서의 용도를 의미한다고 볼 수 있다. 여기에서 식민지 시기까지 거슬러 올라갈 수 있으며 냉전기에 더욱 강화된, 여성 연예인의 섹슈얼리티를 매개로 한 한국의 정치·경제·언론의 남성 동맹과 1980년대 말부터 본격화된, 기왕의 남성 동맹을 이용해 영세한 수준에 머물렀던 엔터테인먼트 업계를 남성 동맹의 한 축으로 발전시키고자 한 흐름의 역사적 층위들을 짐작하기란 그리 어렵지 않다. 이런 의미에서 장자연이 벗어나고 싶어 했던, 결국은 죽어서야 벗어날 수 있었던 '고통'을 질 나쁜 개인에게 잘못 걸린, 예외적으로 운 없는 한 신인 배우의 일로만 치부하기는 어렵다. 그녀의 고통은 오히려 여성의 섹슈얼리티를 기반으로 한 한국 엔터테인먼트 업계의 어떤 정상성을 드러낸다. 그러니 리스트의 이름들과 유력 일간지에 대한 분개는 정치적 반대파 제거 이상의 것이어야 한다. '고 장자연 사건'에 대한 관심이 한국의 성경제에 대한 관심으로 확장될 수 있기를 촉구한다.

2

'여혐 전쟁'의 도래

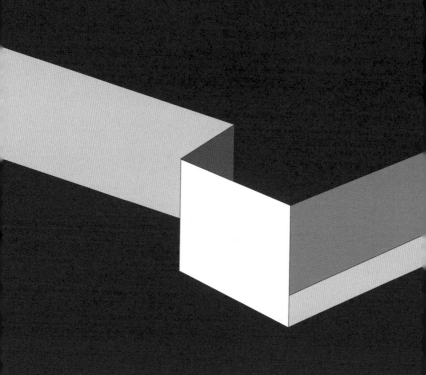

김신현경

최초의 좀비, KTX 여승무원

KTX 투쟁에서 미러링의 언어까지

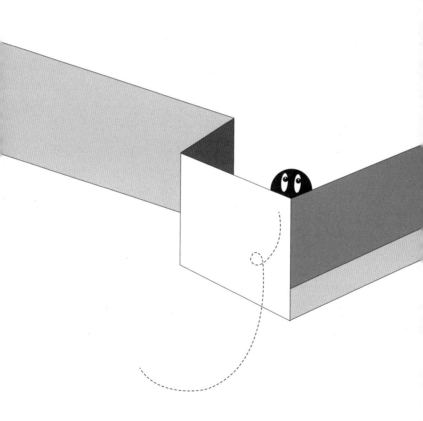

16년 전, KTX에서는 무슨 일이 벌어졌나

2016년 7월 말의 어느 날, 영화 「부산행」을 본 것은 순전히 날씨 때문이었다. 온전히 정신을 집중하기 어려울 정도로 더운 열기와 영화관의 빵빵한 냉방, 그리고 블록버스터 재난 영화의 조합이 그럴 듯하게 여겨져 영화에 대한 기본적인 정보도 확인하지 않은 채 집 근처 영화관으로 향했다. 여기에는 한 해에 적어도 두 번, 부모님이 계시는 고장으로 나를 실어 나르는 부산행 기차의 재현에 대한 개인적인 호기심도 곁들여져 있었다.

트럭에 치여 죽은 듯 보였으나 다시 살아난 사슴을 클로즈업하며 궁금증을 유발하는 도입부는, 회사와 결혼 생활 모두 위기에 놓인 한 중년 남성이 딸을 데리고 부인이 있는 부산으로 가기 위해 KTX에 탑승하는 장면으로 이어진다. 뒤이어 부산행 KTX에 탑승하는 최초의 좀비.(성을 팔며 생활

해온 10대 소녀인 그녀의 사정은 이 영화의 프리퀄 격인 애니메이션 「서울역」에 나온다.) KTX 여승무원은 이 최초의 좀비를 도우려다가 그만 자신도 좀비가 되고 만다. 그러니까 이 영화에서 최초의 좀비들은 동물(사슴), 10대 소녀, 그리고 KTX 여승무원인 것이다. 나는 막다른 골목에서 예전에 알고 지내던, 그러나 지금은 보고 싶지 않은 누군가를 맞닥뜨린 기분에 휩싸였다.

감독은 이 영화의 성공 이후 언론과의 여러 인터뷰에서 인물들이 다양한 성별과 연령대의 단순한 캐릭터이기를 원했다고 반복적으로 말했다.[1] 이 말은 인물들이 해당 성별과 연령대를 대표하는 전형적인 캐릭터로서 배치되었다는 뜻일 것이다. 한편 좀비는 몸은 살아 있지만 정신은 마비된 존재다. 말 그대로 '살아 있는 시체living dead'로서 자본주의 체제를 살아가고 있는 우리 자신을 더할 나위 없이 잘 드러내는 형상으로, 서구에서는 일찌감치 주류 문화적 장에 진입했다. 감독의 의도와 좀비 재현의 정치성을 함께 고려할 때 이 영화는 동물, 거리의 10대 여성과 함께 KTX 여승무원을 이 체제의 첫 희생자로 지목한 셈이다.

딴은 그렇다. 영화 「부산행」이 개봉되기 9개월여 전인

2015년 11월 27일, 대법원은 해고된 KTX 여승무원들이 코레일을 상대로 낸 '근로자 지위 확인소송'의 상고심에서 원고 승소로 판결을 내린 1, 2심을 깨고 원고의 청구를 기각했다. 쉽게 말하자면 KTX 여승무원들은 KTX를 운영하는 코레일이 고용한 노동자가 아니라는 의미다. 이게 도대체 무슨 말일까?

이야기는 지금으로부터 16년 전인 2003년으로 거슬러 올라간다. 이 해 코레일의 전신인 철도청은 KTX 개통을 준비하면서 350명의 여승무원을 공개 채용한다. '꿈의 고속철도', '지상의 스튜어디스' 같은 홍보문구를 대대적으로 내세우며 고용 안정과 준공무원 대우를 약속했다. 철도청은 정부 주도의 소위 '노동유연화'와 '철도경영 효율화'를 명분 삼아 자회사인 홍익회에 승무 업무를 위탁하는 방식으로 이들을 채용했는데, 당시에는 외주 위탁이나 간접고용 같은 고용 형식이 일상화되기 전이었다. 문제는 이 채용이 고용 형식에 관한 정보를 제대로 공개하지 않은 채 '지금은 철도청이라 정원 확보가 어려워 계약직으로 뽑지만 1년 후 철도공사가 되면 정규직으로 전환해주겠다.'는 달콤한 약속을 남발하며 벌인 일이라는 것이다. 이후 철도청은 'KTX 여승무원의 노

**2006년 3월, KTX 승무원들은 철도청의 정규직 전환
약속이 지켜지지 않은 데 대해 항의하며 긴 싸움을 시작했다.**

동은 단순 접객 서비스로서 저부가가치 노동이기 때문에 외
주화한다.'라는 논리를 내세워 이 약속을 지키지 않았고, 이
에 2006년 3월 그녀들의 파업이 시작되었다.[2]

   이런 일련의 과정은 당시 논의되던 '비정규직 보호법'에 관
한 관심을 불러일으켰지만, 실상 '비정규직 양산법'이라고 이
야기된 이 법은 정작 KTX 사태의 핵심인 비정규직 업무의
외주화에 관해서는 다루지 않았다. 이후 기업에서는 KTX
사태와 같은 상황을 피하고자 직접 고용한 직원들을 일단

                         페미니스트 타임워프

대량 해고한 뒤 외부업체를 통해 재고용하는 방식을 채택했다. 2007년 7월 시작하여 500일 넘게 지속된 홈에버 점거 농성은 바로 이런 식의 '문제 해결'이 불러온 사태였다. 홈에버 사태는 다큐멘터리 「외박」, 영화 「카트」, 웹툰과 드라마 「송곳」에서 다뤄진 바 있다.

KTX 여승무원,
지금/여기 여성혐오의 기원적 형상?

　　그러므로 'KTX 여승무원' 사태는 한국 사회에 노동의 비정규직화와 비정규직 업무의 외주화를 불러온 본격적인 계기라고 할 수 있다. 이는 물론 1990년대 초반부터 정부가 주도해온 소위 '노동유연화' 흐름의 결과지만, 그 효과적 확산은 우리 안의 성차별주의를 비정규직 차별과 결부시킴으로써 가능했다. 파업 초기 KTX 사태에 대한 가장 흔한 반응은 '손쉽게 정규직이 되려는 이기적인 젊은 여성들'에 대한 질타였다. 지금도 확인할 수 있는 당시 언론 보도에 대한 포털 사이트의 댓글은 이러한 정서를 다시 환기하기 좋은 자료일 것이다.[3] 당시 철도청이 KTX 개통을 앞두고 대대적인 여승무원 공개 채용을 홍보 수단으로 삼으면서도 지원자들에게 제대로 된 정보를 주지 않고 몇 번이나 정규직 전환을 약속했다는 '사실'은 그다지 주목받지 못했다. 한마디로 '속은 사람만 억울한' 형국이었다.

이런 정황은 KTX 사태 발생 몇 년 전, IMF 경제위기 직후 쏟아진 '남성 노동자'에 대한 관심과는 대조적이다. (예비)가장인 남성의 실직 혹은 남성노동의 비정규직화는 동정과 관심의 대상이 되지만, 아내/어머니가 될 것이라 가정되는 젊은 여성의 일자리 문제에서는 정당한 요구조차 이기심의 산물로 여겨진다. 홈에버 사태에 대한 관심이나 문화적 재현과 비교해봐도 KTX 사태는 특이하다. '반찬값'이라도 벌러 나온 아내이자 어머니인 여성들이 오죽하면 파업까지 하겠느냐는 동정 섞인 시선이라도 받을 수 있었던 홈에버 사태에 비해(물론 이런 해석은 사태의 핵심과는 무관한데, 그녀들은 대부분 실질적인 가장이었다. 영화 「카트」에서 주인공 중 한 명이 사측의 '반찬값 벌러 나온 여사님들'이라는 호칭에 문제를 제기하는 장면을 상기해보라.) KTX 승무원들에게 쏟아진 것은 '이기적인 젊은 여자들'이라는 공분이었다.

이즈음, 1999년 군가산점제 위헌 판결 후폭풍과 이대 앞

홈에버 사태를 다룬 영화 「카트」의 포스터.

"男女평등 실현" "兵役보상 없다니…"

憲裁 결정…民間기업도 영향 미칠듯

공무원 채용시험에서 현역 군필 자에게 가산점을 주는 제도는 여성 및 장애인에 대한 평등권을 침해해 위헌이라는 헌법재판소의 결정이 나왔다.

이에 따라 "남녀 평등 이념에 맞는 결정"이라는 환영과 "군필자들 에게 의무만 요구하고 권리는 박탈하는 결정"이라는 정반대의 반응이 엇갈리고 있다.

헌법재판소 전원재판부(주심 정경식·鄭京植 재판관)는 23일 여대생 이 모씨 등 6명이 공무원 채용시험에서 현역 군필자에게 과목별 만점의 5~3%를 가산해 주도록 한 제대군인지원법 제8조 1, 3항 등에 대해 낸 헌법소원 심판사건에서 이같이 판시, 위헌결정을 내렸다.

이번 결정으로 이 법조항은 이날부터 즉각 효력을 상실하게 됐고, 국가공무원법 및 지방공무원법상 6급 이하 공무원과 기능직 공무원 채용시험에서 적용돼온 가산점 제도가 30년 만에 전면 폐지됐다.

정부는 이 결정에 따라 내년에 실시되는 7·9급 공무원 선발시험 때부터 가산점 제도를 적용하지 않기로 했다. 노동부도 공기업과 일반 기업체의 채용시험에서 현역 군필자에게 가산점을 주는 관행이 남녀고용평등법을 위반하는 것으로 규정하고, 기업체들이 채용시험에서 이를 시행치 못하도록 강력히 지도하는 한편 위반자는 의법조치키로 했다.

이와 함께 공무원 채용시험에 불합격한 뒤 가산점 제도에 불복, 행정소송을 냈다가 패소한 사람들도 재심을 청구할 수 있게 됐다.

군필자 가산점 제도에 대한 찬반 논쟁은 95년 이화여대생 1900여명이 청와대 등에 7, 9급 공무원 채용시험에서 가산점 제도 폐지를 청원하면서 본격적으로 일기 시작했다. 이후 98년 한국여성단체협의회도 헌법소원을 제기하면서 사회적 이슈로 떠올랐다.

제도 폐지를 주장하는 사람들은 자신의 의지와 무관하게 군 복무에서 제외된 사람들에게 채용시험에서부터 불이익을 주는 것은 평등권에 위배된다는 논리를 펴왔다. 실제로 이번에 소송을 낸 정 모씨는 병역면제 장애인으로 충남지방 공무원 7급 일반행정직 채용시험에서 평균 78점으로 전체 응시자 중 2등을 했지만, 가산제도 때문에 133등으로 밀려 불합격됐다. 정씨는 불합격취소 소송을 내 대전고법에서 승소했지만 대법원에서 파기환송(패소)됐고, 위헌청원 신청을 냈지만 기각되자 헌법소원을 냈다. 반면 이 제도의 유지를 주장하는 사람들은 군필자 가산점이 단순한 혜택이 아니라 병역의무를 자진해 수행하는 풍토를 조성하는 데 기여하고, 병역의무 이행으로 인한 불이익에 대한 당연한 보상이라고 주장해왔다.

이런 가운데 재판부는 이날 결정문에서 "제대군인 가산점 제도는 군 복무 재정적 뒷받침없이 현역 군필자를 지원하려 한 나머지 결과적으로 여성과 신체장애인 등 사회적 약자의 희생을 초래하고 있다"며 "헌법과 전체 법체계에 비춰볼 때 기본질서 중 하나인 '여성과 장애인에 대한 차별금지와 보호' 원칙에 어긋난다"고 밝혀 폐지론자들의 손을 들어준 것이다. 여성단체연합은 이날의 결정에 대해 "국민의 평등권과 공무담임권, 직업선택의 자유를 보장하는 데 기여할 것"이라는 환영입장을 냈다. 한국남성운동협의회는 "한국사회에서 남성들이 군 복무로 인해 받는 사회적 피해를 도와주는 결정"이라고 비판했다.

이번 위헌 결정으로 폐기된 제대군인지원법 8조는 2년 이상 현역근무자에 대해 5%, 2년 미만 복무자에 대해 3%의 가산점을 과목별로 부여하고 방위소집 해제자 및 병역면제자는 가산점을 주지 않도록 돼 있다.

/金東燮기자 dsklim@chosun.com

/金泓振기자 mailer@chosun.com

◇노총집회 한국노총 소속 조합원 1만5000여명이 23일 오후 서울역 광장에서 개최한 '노동계 5대 요구 관철과 배신 정권 규탄을 위한 총파업투쟁 실천대회'에서 한 참석자가 깃발을 흔들고 있다. /李德熹기자 leedh@chosun.com

1999년 군가산점제 위헌 결정은 여성혐오 발화의 대중화에 불을 지폈다.

스타벅스 1호점 개장 그리고 노동의 질 악화가 어우러져 여성혐오 명명 및 발화가 대중화되기 시작했다. 그녀들의 형상이 제 꾀에 제가 속아 넘어간, 세상 물정 모르고 자기 일에만 관심 있는 '어린 여자들'로 재현된 것은 이와 무관하지 않으리라.

이런 정서가 일반적인 한, KTX 여승무원 사태와 같은 일이 제대로 이해되고 재현되고 해결되기를 기대하기는 어렵다. 그리고 상황은 더욱 나빠진 것으로 보인다. 지난 20년간 여성혐오misogyny 정서는 더욱 굳건해졌고, 노동정치는 지지부진하다 못해 아예 실종된 것처럼 보일 정도다. 그러니 2015년 11월 내려진 이 사태에 관한 대법원 판결을 이런 정국을 반영하는 동시에 쐐기를 박으려는 무자비한 개입으로 봐도 무리는 없으리라. 코레일과 대법원은 여승무원들이 '안전 업무'를 담당하는 열차팀장과는 다르게 '단순 접객 서비스 업무'를 담당한다고 봤고, 그러니 돈을 적게 주고 승진을 시켜주지 않아도 됨은 물론이요, 하청회사를 통해 통째로 들여서 썼다가 모두 내버릴 수 있는, 살아 있으나 살아 있지 않은living dead 존재들로 취급한 것이다.

좀비가 된 그녀들/우리의 귀환

성별 상관없이 소위 '능력'과 '성과'를 중시히는 요즘 세태에 여성들이 하는 일에 대한 평가절하는 어불성설로 여겨진다. 그러나 문제는 무엇을 핵심적인 능력과 성과로 볼 것인가다. 애당초 성별 직무 분리가 고착화되어 있던 한국의 기업 문화에서 신자유주의적 노동유연화 논리는 남성들이 집중되어 있는 일을 핵심 직무로, 여성들이 집중되어 있는 일을 주변 직무로 여김으로써 후자를 다양한 종류의 비정규직으로 만드는 것을 정당화했다. 그리고 이는 물론 여성성을 열등한 것이자 공적 영역에 부적합한 것으로 보는, 오래된 근대 가부장제 논리에 바탕을 둔 것이다. 흔히 신자유주의는 더 이상 가부장적이지 않은 체제라고 상상되지만 이는 지배적인 남성상의 변화라는 측면에서만 그러하다. 말하자면 옷을 갈아입은 가부장제라고나 할까? 힘 있는 아버지, 남편-가부장과 연결되지 않은 여성들에게 상황은 더욱 가혹할지도 모른다. '모든 건 너 하기 나름'이라고 속삭이는 세상에 나와보면, 그 모든 것이 이미 특정한 성별 논리에 기반을 두고 짜여 있음을 비로소 알게 되기 때문이다. 2000년대 초반 여성 비정규직 노동자들이 중심이 된 수많은 파업 사태들은 바로 이런 상황에 기반을 두고 벌어진 것이었다.

그러나 여성 노동자 자신들의 각성과 움직임에 비해 노동계와 여성계의 개입은 한발 느렸다고 평가할 수밖에 없다. 민주노총은 2000년대 초반에 와서야 비정규직 조직화를 주요 어젠다로 채택했는데, 민주노총을 포함한 양대 노총의 남성 정규직 노동자 중심 운동 방식에 대해서는 이미 여러 차례 내·외부에서 문제가 제기된 바 있다.[4] 한편 민주화 이후 여성계가 이룬 가시적 성과들을 무시할 수는 없으나 이 또한 특정한 여성의 형상, 즉 기혼 여성 중심의 어젠다 설정을 통해 가능했다.[5] 이런 점에서 KTX 여승무원 사태의 주축이었던 젊은 여성 노동자들은 남성 정규직 노동자도 기혼 여성도 아닌 이들로, 그 어떤 진영에서도 운동과 변화의 온전한 주체로 인정받지 못했다.

최근 젊은 여성들이 이끄는 새로운 페미니즘의 물결은 이런 점에서 의미심장하다. 이들이 구사하는 '적의 언어로 적을 교란시키는' 전략은 기실 우리 모두가 이미 감염되고 오염된 존재들이라는 것을 드러낸다. 영화 「부산행」 도입부에서 여승무원은 열차팀장에게 복장을 지적받는다. 스카프를

고쳐 매고 아무 일도 없었다는 듯 일하던 그녀는 좀비가 되기 직전의 승객을 구하고 다른 승객들의 안전을 위해 최선을 다하다가 좀비가 된다. 이처럼 가장 먼저 좀비가 되는 '여성'은 생물학적 차이의 이름이 아니라 사회구조적으로 배제된 약자의 이름이다. 그녀들이 다른 맥락에서 반복하는 적의 언어/우리의 언어는 과연 어떻게 변화될 수 있을까? 이렇게 거의 20년 가까운 세월 동안 보아왔지만 외면한 현실이 이제 다시 각종 혐오발화와 범죄로, 대법원의 판결로, 영화로, 그리고 미러링의 언어로 우리 앞에 그 모습을 드러냈다.*

---

* 이 글은 2016년 10월까지의 정황을 염두에 두고 쓰인 문학잡지 《Littor》 2호에 실린 필자의 글을 수정한 것이다. 이 사태는 2018년 5월 28일, 전 대법원장 양승태의 '사법농단 의혹' 중 하나로 보도되면서 새로운 국면을 맞이했다. 글에서도 언급한 2015년 11월 27일 이 사건에 관한 대법원의 3심 재판이 양승태와 박근혜 정부 청와대 간의 '밀실 거래'의 결과였음이 알려졌다. 이에 분노한 KTX 승무지부 노조원들은 즉각 대법원에서 항의 시위를 벌였다. 그로부터 두 달 후인 2018년 7월 21일, 전국철도노동조합과 코레일이 KTX 승무지부 관련 합의서와 부속합의서를 체결함으로써 180명의 전 KTX 여성무원들은 해고된 지 12년 만에 경력직 특별채용 형식으로 복직하게 되었다.

김주희

우리는 왜 이제야
'여혐 전쟁'을 목격하게 되었나?

유영철 연쇄살인 사건에서
강남역 여성 살해 사건까지

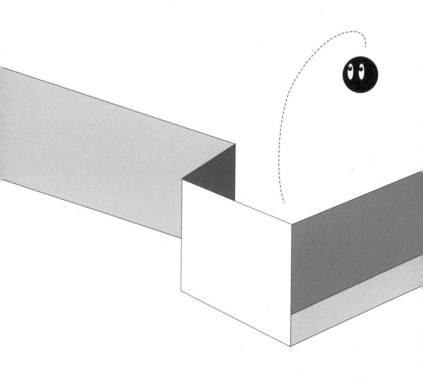

강남역 여성 살해 사건, 그리고 '여성혐오'

2016년 5월 17일 새벽 1시, 강남역 인근 상가 화장실에서 23세 여성이 한 남성에 의해 수차례 흉기에 찔려 살해당하는 사건이 일어났다. 가해자는 역삼동 소재 음식점에서 아르바이트하던 34세의 남성이었고 범행에 사용된 30센티미터 크기의 식칼은 전날 그가 일하던 음식점 주방에서 반출된 것으로 드러났다. 그는 홀로 화장실을 이용하는 여성이 들어오기를 30여 분간 기다렸다가 범행을 저질렀다고 한다. 살인을 저지르고 도주했던 남성은 약 아홉 시간 뒤인 출근 시간, 지하철 강남역 부근에서 경찰에 붙잡혔다. 경찰 조사 과정에서 남성은 피해자와는 아는 사이가 아니며 "평소 여자들이 나를 무시했"기 때문에 범행을 저질렀다고 진술했다.

사건이 알려지자 온 한국 사회가 술렁였다. 사건이 발생

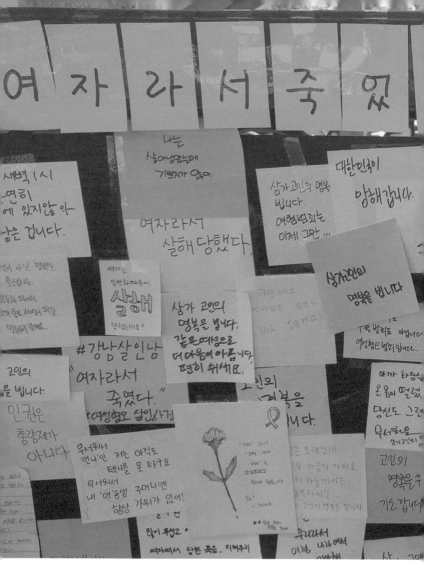

강남역 여성 살해 사건의 핵심을 '여성혐오'로 설정했던
여성들의 문제의식이 담긴 수많은 포스트잇.

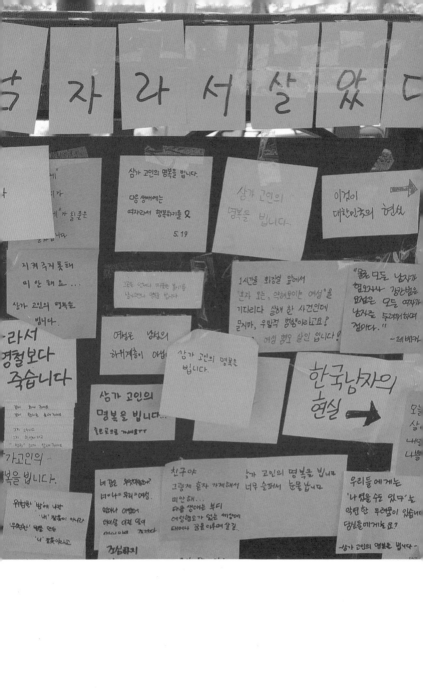

한 장소 인근인 강남역 10번 출구에는 피해자의 죽음을 애도하며 자신이 지금 살아 있는 것을 '우연'으로 설명하는 여성들의 수많은 포스트잇 쪽지가 붙었다. 이들은 문제의 핵심을 여성혐오로 설정하고 그 자리에 피해자가 아닌 자신이 있었다면 그 죽음은 그들 자신의 몫이었다고 해석했다. 혐오의 대상으로 집단화된 여성들은 그 공통성에 기반을 두고 발언했고, 이후 여성혐오에 대항하는 거대한 페미니즘의 물결이 이어졌다. 여성들의 이런 반응에 대한 응답이었을까. 사건이 일어난 지 일주일쯤 뒤인 23일, 강신명 경찰청장은 이 사건이 여성혐오 범죄가 아니라 정신질환자의 망상으로 인한 '묻지마 범죄'였다면서 이와 같은 범죄를 예방하기 위해 정신질환자 체크리스트를 만드는 등 치안 활동을 강화하겠다고 발표했다. 그 배경에는 가해자의 "[나는] 여성을 혐오하지 않는다."는 진술이 있었다고 한다.

이후 페미니스트 연구자들과 활동가들은 많은 글과 인터뷰에서 경찰청장의 발표가 여성혐오라는 개념에 대한 몰이해에서 비롯되었다고 설명했다. 여성혐오는 단순히 남성이 한 여성을 개인적으로 싫어하고 좋아하는 감정의 문제가 아니라 한 사회 안에서 여성을 배치하는 문제와 관련이 있다

페미니스트 타임워프

는 것이다. 하지만 동시대 한국 사회의 여성혐오를 특수한 것으로 분석해야 하는지, 이때 여성혐오는 미소지니misogyny 와 같은 의미인지에 관해서는 의견이 엇갈렸다.[1]

하지만 이런 정치한 논의와 별개로, 여전히 우리 사회에서 '여성혐오'라는 말과 그것이 가리키는 문제적인 현상은 여성에 대한 일부 남성의 극단적 행각 정도로 협소하게 이해되고 있다. 여성혐오라는 단어를 통해 개인 남성의 여성에 대한 감정에 초점을 맞추거나, '살인마'와 같은 병적인 개인 남성을 식별하고 문제시하는 방식이 바로 그러하다. 하지만 이러한 프레임을 통해서는 역사적으로 형성된 정상적·규범적 사회관계가 내포한 문제점을 충분히 드러내지 못한다. 이런 진단 속에서는 혐오자를 식별하거나 혐오하지 않도록 설득하고 계몽하는 실천이 두드러질 수밖에 없을 것이다. 하지만 중요한 것은 동시대 여성들이 왜 '여성혐오'라는 키워드와 폭발적으로 접속했는지 질문하는 것이다. 이 질문을 통해서 비로소 우리는 '여혐 전쟁' 이후를 상상할 수 있을 것이다. 이 글은 우리가 의미 있게 경험하고 있는 오늘의 '여혐 전쟁', 그 이후의 시간에 대한 고민에서 출발한다.

유영철이라는 괴물?

페미니즘의 거대한 움직임이 일어났다는 점에서, 일각에서는 2016년을 '페미니즘 원년'이라고 정의하기도 한다. 하지만 모두가 알다시피 강남역 여성 살해 사건은 여성혐오 범죄의 기원적 사건은 아니다. 널리 알려진 사건으로는 '화성 연쇄살인 사건'이라 불리는 사건이 있다. 1986년 9월부터 1991년 4월까지 경기도 화성과 수원 일대에서 발생한 10건의 미해결 살인 사건은 그야말로 여성혐오 범죄의 교과서와도 같은 사건이다. 가해자는 여중생부터 70대 여성 노인까지 나이나 직업을 가리지 않고 범행 대상으로 삼았으며 성적 고문 및 사체에 대한 끔찍한 훼손 행위를 행했다. 그렇다면 왜 이제야 우리는 '여혐 전쟁'을 목격하게 되었는가? 이 질문을 풀어보기 위해 고통스럽지만 유영철에 의한 연쇄살인 사건을 다시 떠올려보기로 한다. 이를 통해 2004년과 2016년의 시차, 당시의 페미니즘과 지금의 페미니즘의 온도 차이를 어떻게 해석해야 할지 고민해볼 수 있을 것이다.

'연쇄살인범' 유영철. 한국에서는 물론 세계적으로도 이름이 알려진 인물이다.* 그는 2003년에서 2004년에 걸쳐 서울에서 노인과 여성 20명을 살해한 혐의로 사형 선고를 받고 현재 교도소에서 복역 중이다. 알지도 못하고 만난 적도 없는 사람들을 잔혹하게 살해한 이 경악스러운 사건 이후 한국에서는 사이코패스(반사회적 인격장애)에 대한 대중적이고 학문적인 관심이 폭증했다. 캐나다의 심리학자인 로버트 헤어Robert D. Hare가 개발한 사이코패스 체크리스트PCL-R, Psychopathy Checklist-Revised에 대한 대중적 관심, 유영철이 한 언론사의 여성 기자와 교환한 20여 통의 서신 내용을 바탕으로 사이코패스의 의식을 분석한 연구, 혹은 사이코패스에 대한 대중의 두려움에 관한 연구 등이 대표적이다.[2] 또 희대의 살인범인 그를 '태생적으로 다른 사람'으로 종별화種別化하는 경향 역시 나타났다. 유영철을 포함한 연쇄살인범의 뇌 기능(전두엽) 장애 문제를 제기하는 도서, 생활고 때문에 유영철이 출생 당시부터 부모에게도 환영받지 못하는 존재였

* 유영철 사건은 2008년 나홍진 감독의 영화 「추격자」의 모티브가 되어 그 잔혹성으로 다시 한 번 세간의 주목을 받기도 했다. 또 유명 사진잡지 《라이프Life》가 2009년 자사 홈페이지에 공개한 전 세계 유명 연쇄살인범 31인의 얼굴에는 유영철이 포함되어 있었다.

으며, 어린 시절 개구리 해부를 좋아했고 연탄집게로 쥐를 잡았다는 사실 따위를 전하는 기사가 그것이다.[3]

하지만 범죄자를 '태생적으로 다른 사람'으로 분류하며 종별화하는 이런 문제의식은 해당 사건의 역사적, 사회적 맥락을 흐리게 하는 효과가 있다. '강남역 사건'의 여파가 정신질환자에 대한 감독 강화로 귀결되는 것은 이런 측면에서 문제적이다. 게다가 많은 범죄자들이 이전에 일어난 범죄, 이전에 등장한 범죄자에게 '영향'을 받았다고 진술하곤 한다. 그러니 이들이 누구로부터 영향을 받았고, 누구를 의식하고 있는지 질문해야 한다. 유영철 역시 1999년 9월부터 2000년 4월까지 부산, 경남, 대전 등지에서 23건의 강도·살인 행각을 벌인 정두영 사건에 대한 월간지 보도를 통해 범행을 착안했다고 이야기한 바 있다.[4] 2014년 서초구 주택가에서 20대 여성을 잔혹하게 살해한 20대 공익근무요원은 "내 롤 모델은 유영철"이라고 말하기도 했다.[5] 유영철이 과거에 존재한 '영웅'을 소환하고, 미래 누군가의 '영웅'으로 다시금 소환된다는 점에서 그

2003~2004년 사이 노인과 여성 20명을 살해한 혐의로 사형 선고를 받은 연쇄살인범 유영철.

를 종별화하는 시도는 폭력과 범죄의 문화사회적 측면을 볼 수 없도록 만든다.

유영철에 의한 연쇄살인 사건 판결문을 분석해보면 그의 범행은 시기와 유형에 따라 둘로 나뉜다는 것을 알 수 있다.[6] 첫 번째는 2003년 9월부터 11월 사이 (주로 노인, 여성들만 집에 있는) 오전 시간 동안 부유층이 사는 저택에 침입해 노인 및 가정부를 살해한 것이고, 두 번째는 2004년 3월에서 2004년 7월 사이 (해당인의 행방에 상대적으로 주변 사람들이 무심한) 출장 마사지사 등 여성 11명을 자신의 원룸에서 살해하고 사체를 절단하여 땅에 묻은 것이다. 대략 전반부는 노인 살해, 후반부는 여성 살해로 정리될 수 있다. 그렇다면 이런 단절의 계기는 무엇인가? 판결문을 기반으로 그의 범행 경위를 간단하게 정리해보자면 다음과 같다.

유영철은 2003년 11월 혜화동 주택에 침입하여 "파출부"인 50대 여성과 87세의 남성 노인을 살해한 것을 마지막으로 범행의 장소와 대상을 변경했다. 그는 이후 자신의 원룸에서 출장 마사지사 여성을 살해했다. 혜화동 주택 사건 이후, 일련의 주택 침입 살인 사건들이 (그가 즐겨 신던) 특정 신발을 신은 사람에 의한 연쇄살인으로 추정된다고 언론에 보도되면서 그는 해당 신발을 폐기하고 원래 살던 고시원에서 오피스텔로 거주지를 옮기는 등 불안감에 사로잡혔다. 그러던 중 유영철은 전화방을 통해 만나게 된 여성과 지속적인 관계를 맺으면서 심리적으로 안정되었다고 한다. 하지만 이 여성은 그의 과거 범죄 전력, 거짓말 이력 등을 알게 되면서 그를 신뢰할 수 없다고 판단했고 이내 결별을 선언했다. 판결문에 따르면, 여성은 유영철에게 이제부터 자신과 성관계를 맺으려면 선불(金)을 달라고 요구했다고 한다. 유영철은 격분해서 그녀에게 폭력을 행사하며 강간했고, 이후 그녀가 만남을 피하자 심한 배신감을 느껴 그녀를 살해하려 했다. 하지만 그럴 경우 곧바로 범인으로 검거될 가능성이 높아 그녀를 죽이는 대신 전화방이나 출장 마사지에서 일하는 여성들을 죽이겠다고 결심했다. 이 여성들은 실종되더라도 찾기 어렵고, 영업 특성상 실종 신고를 할 가능성도 적으며, 그녀 역시 비슷한 일을 했기 때문에 그녀에 대한 배신감을 보상받을 하나의 방법도 될 수 있다는 점을 고려했다는 것이다. 이후 유영철은 인터넷 검색을 통해 살해 방법, 시체 절단 방법을 숙지했고 토막 살해 후 사해 암매장을 쉽게 하기 위해 미리 쇠톱, 가위, 해머망치, 잭나이프 등 살인 도구를 준비했다. 이후 유영철은 전화방이나 출장 마사지 업소에 전화를 걸어 여성을 부르고 그녀를 집에 데려가 성관계를 한 후(성관계를 하지 않은 경우도 있음) 직접 제작한 해머망치로 여성을 죽이고 시신을 토막 내고 사체를 암매장하는 방식으로 11명의 여성을 살해했다. 검거 후 그는 현장검증을 위해 경찰서를 떠나면서 기자들을 향해 "이를 계기로 여성들이 함부로 행동하거나 하는 일이 없었으면 하고, 부유층도 좀 각성했으면 합니다."라고 말했다.

'영웅'적 행위로서의 여성혐오 살인

유영철의 범행은 전형적인 여성혐오 범죄, 살인이다. 그의 범죄는 시작부터 여성, 즉 전 부인에 대한 분노에서 기획되었다. 그에게는 부인과 아들이 있었는데 과거 미성년자를 강간한 혐의 등으로 구속되자 2000년 부인으로부터 이혼당하고 친권이 박탈되었다. 그는 배신감에 부인과 아들을 살해하려고 마음먹었지만 역시 검거될 것이 뻔했기 때문에 대신 다른 사람들을 살해하겠다는 결심을 했다.[7] 또 앞서 언급했듯이 본격적인 여성 대상 살해 행위는 잠시 만나던 여성의 배신으로 촉발되었다고 설명된다. 그는 언제나 "부유층의 각성"을 말하는 등 자신의 범행을 사회(개혁)적 행위로 정당화하려 했지만[8] 막상 그가 추구한 '영웅'적 행위는 힘을 가진 남성의 권위에는 도전하지 않았다. 부유층 '노인'과 성적으로 방종한 '여성'에 대한 처단 행위었을 뿐이었다. 유영철은 과시욕이 강하고 우쭐대길 좋아했다고 하는데, 검거된 유영철이 묵비권을 행사하는 등 제대로 진술하지 않자 서울 경찰청 수사부장이 그를 직접 신문하기로 했다는 소식을 들은 그는 최고 수장인 수사부장이 직접 자신을 신문하러 온다는 사실에 흥분했다고 한다. 한편 그가 구기동에서 일가족을 살해한 사건에서 그 집에 거주하던 30대 남성이 다른 피해자에 비해 해머로 더욱 잔혹하게 살해된 것은 범행 도중 처음 만난 성인 남자에 대한 두려움과 공포의 증거라는 분석도 있다.[9]

이처럼 유영철의 여성혐오는 남성들에 대한 두려움과 남성들로부터의 인정에 기반을 두고 자신이 그려낸 '영웅'의 외피를 쓰고 여성을 살해하는 것으로 실현되고 있다. 이런 극단적 예에서도 드러나듯, 여성혐오는 개인 남성의 여성에 대한 병리적 특징으로 두드러지는 것을 넘어, 이 남성이 다른

페미니스트 타임워프

남성들을 의식하고 그들과 사회적으로 맺는 관계를 의미화한다. 자신이 상상적으로 구축한 남자들의 세계 속에서 여성과 약자를 처단하는 행동을 자신의 용감함, 때로는 거칠 것 없는 잔혹함을 보여준 정의로운 활동으로 정의하는 것이다. 스스로의 행위를 '영웅'적 행위라고 생각하는 다음의 사례들도 마찬가지다.

1994년, 다섯 명을 납치해서 살인을 저지른 지존파 사건은 "불우한 가정 출신으로 정상적인 교육을 제대로 받지 못하고 고교 중퇴 이하의 학력을 가진 20대 청년들이 가진 자를 응징하고 부유층의 재산을 빼앗아 10억 원을 모은다는 목표 아래 지존파라는 범죄조직을 결성한 뒤 살인공장을 차려놓고 피해자들을 납치, 살인, 강간하고 사체를 소각하거나 인육을 먹는 등 엽기적인 범죄행각을 벌이다가 검거된 사건"으로 보통 소개된다.[10] 이들은 조직 결성 후 범죄를 준비한다는 명목으로 지리산에서 한 달 동안 합숙 야영하며 지옥훈련까지 마쳤다고 하는데, 사회 부유층을 응징하겠다고 호언장담한 이들의 첫 범행 상대는 혼자 귀가하던 20세의 여성이었다. 그리고 살해된 또 다른 피해자 여성의 유방을 도려내 인육을 먹었다고 주장한 지존파 일원 김

현양은 부친 사망 후 아버지의 친구들과 관계를 맺어온 어머니를 극도로 증오했다고 전해진다.[11] 1994년 절도한 택시로 여성을 납치해 강간, 살해한 온보현은 지존파와 같은 대접을 받기 위해 자신을 수배한 전북 김제경찰서, 용산경찰서로 향하지 않고 지존파를 검거한 것으로 유명해진 서초경찰서에 자수하러 갔다고 한다.[12] 동시에 강남역 여성 살해 사건 가해자는 살인 혐의에 대한 1차 공판에서 자신의 의견을 묻는 재판부에 "여성들에게 받은 피해에 대한 대응 차원에서 그 같은 일을 한 것 같다."고 답변하며 "내가 유명인사가 된 것 같다.", "내가 이렇게 인기가 많을 줄 몰랐다."라고 답변했다고 한다. 하지만 이런 발언에 유명을 달리한 피해자의 자리는 없다. 그는 오직 남성들과 관계를 맺고 이들과 대화할 뿐이다.

여성폭력의 연속선에 대한 문제제기로

그런데 우리는 왜 이처럼 계속적으로 반복되어온 여성혐오 사건에도 불구하고 강남역 여성 살해 사건에 와서야 비로소 응집력 있는 '여혐 전쟁'을 목격하게 된 것일까. 2004년 유영철 사건 이후 여성들이 밤길을 조심해야 안전할 수 있다는 사회적 분위기에 대항하여 "달빛 아래, 여성들이 밤길을 되찾는다"라는 슬로건을 내건 일명 '달빛 시위', 밤길 되찾기 시위가 일어났다.[13] 많은 페미니스트들이 시위에 참석하고 문제의식을 이어갔지만 대중적 반응은 현재처럼 폭발적이지는 못했다. 이유는 아마도 유영철 사건이 그저 2000년대 초반 유행했던 '엽기' 코드 사건으로, 혹은 출장 마사지사와 같은 성매매 업소 종사 여성을 대상으로 한 범죄로 이해되었던 것과 관련이 있을 것이다. 같은 맥락에서 '화성 연쇄 살인사건'은 교외 지역 치안 문제로, 지존파 사건은 고급 차를 모는 사람을 대상으로 한 범죄 문제로 분류되었다. 일련의 여성혐오 사건들은 위험에 처할 확률이 높은 여성들, 내 처지와 동떨어진 일부 여성들의 문제로 이해되었던 것이다. 이런 경향은 여성운동 제도화 과정에서 여성에 대한 폭력violence against women 문제가 여성 전반의 문제, 혹은 여성을 구성하는 핵심적 문제라기보다 특정 피해자 여성 집단의 문제로 설득되었던 맥락과도 관련이 있다.

한국에서 민주화 이후 성장한 여성운동 진영은 1980년대 후반 이래 여성폭력 문제를 여성 인권의 관점에서 제기하기 시작했다. 이런 노력의 결과 1994년 성폭력특별법, 1997년 가정폭력특별법, 2004년 성매매특별법이 제정되었고, 보통 '3대 여성 인권법'이라고 불린다. 여성운동의 제도적 정비가 시작되면서 그간 여성과 남성 간 사적인 문제로 이해되었던 성폭력, 가정폭력, 성매매 문제는 국가적, 사회적 대책이 마련되어야 하는 공공의 문제가 된 것이다. 하지만 이런 제도화 과정이 진행되면서 여성에 대한 폭력 문제의 연속적 측면을 사유하는 힘이 약해졌다. 예컨대 성매매 여성이 당하는 성폭력 문제라든지, 가정폭력의 성폭력적 속성 등 복합적 여성폭력 문제 혹은 여성폭력의 복합적 속성은 사유될 기회가 부족했다. 유영철 사건은 대표적으로 성매매 여성의 안전 문제, 데이트 폭력 문제, 이혼 가정의 폭력 문제 등 여성에 대한 다양한 종류의 폭력이 응축된 사건임에도 살해당한 여성들이 성매매 업소 종사 여성이라는 점에서 나 혹은 우리의 문제로 기억되지는 않았던 것 같다.

이에 반해 강남역 여성 살해 사건은 강남역과 공중 화장실이라는 대중적 장소성 등, 많은 여성들로 하여금 피해자 여성의 죽음이 내 몫일 수 있었다는 감각을 환기할 속성을 가지고 있었다. 이런 계기를 통해 기꺼이 '여혐 전쟁'을 선포한 여성들은 여성혐오라는 경험적 자각experiential awakening을 통해, 성매매 여성이 아니어도, 여성의 성적 방종 여부에 상관없이, 여성혐오의 칼끝이 모든 여성들을 겨누고 있다는 것을 알게 되었다. 성폭력 사건을 두고 피해자 여성을 '꽃뱀'이라 하는 것, 가정폭력으로 가정을 탈출한 여성에게 오히려 가정을 파괴했다고 하는 것, 성매매를 하는 여성이 성폭력을 당하는 것은 불가능하다고 하는 것처럼, 여성폭력이 여성 개인의 불운 문제로 이해되었던 핵심에 피해자 유발론이 자리하고 있었다. 하지만 '여혐 전쟁'에서 여성들은 자신의 경험에 근거해 이런 고정관념에 반기를 들며 여성의 일상을 남성의 그것과 구별되도록 만들어온 데이트 폭력, 불법 촬영물, 약물 성폭력, 낙태죄 문제 등을 수면 위로 올렸다.

혐오의 대상으로 집단화된 여성들이 공통성을 갖게 된 경험. '여혐 전쟁'을 통해 얻은 것이 있다면 아마 이런 경험일 것이다. 이를 통해 여성들은 여성폭력 문제가 각 문제의 분리적 해법을 통해 달성될 수 없다는 것을 알게 되었을 것이다. 여성을 구성하는 다양한 요소들 자체가 혐오되고 있는 상황에서 여성들은 여성이 아니라고 주장하는 것 외에 이 혐오를 빠져나갈 방법이 없기 때문이다. 그러므로 문제는 훨씬 근본적이다. 분절적 폭력의 경험을 통해 여성들을 분류한 기존 여성운동의 제도적 문제 해결 방식으로는 불충분하다. 다만 이것이 모든 여성이 동질적이라는 의미는 아니다. 이는 오히려 모든 여성을 동질적 타자로 위치시키는 남성 카르텔에 대한 문제제기에 가깝다. 그러므로 우리는 동시대 정상성 안에 배태된 여성혐오의 문제에 대해 더 적극적으로 문제제기 해야 한다. '영웅'적 행위로 여성 살해가 의미화되고 있는 상황을 이해하며, 여성에 대한 복합적 양식의 폭력을 통해 정상성이 유지되고 있는 사회 질서에 대한 문제제기를 확대해야 할 것이다. 그리고 우리가 다시금 끔찍한 유영철 연쇄살인 사건을 만나게 된다면 그 대상이 성매매 여성일지라도, 낙후된 지역에 사는 빈곤한 여성일지라도, 성적으로 활발한 여성일지라도, '여혐 전쟁'을 선포할 수 있을 것이라고 생각한다. 그러므로 우리의 '여혐 전쟁'은 이제 여성폭력의 연속선, 이를 통해 매개되는 남성 사회의 정상성이란 과연 무엇인지 질문하는 문제에 가 닿아야 할 것이다.

박차민정

'명랑한 수술'과 미완의 권리

모자보건법에서
저출산 시대의 낙태죄까지

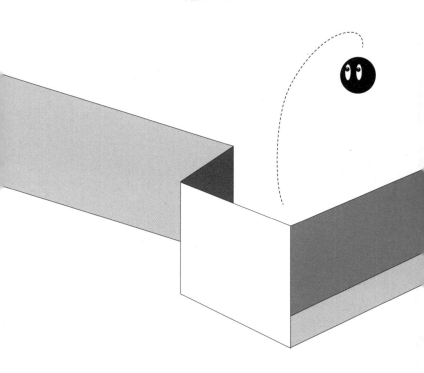

공식 수출된 태아의 장기

1970년 11월, 한국 사회는 김포세관에서 발견된 태아의 장기 화물로 인해 깊은 충격에 빠졌다. 화물의 주인은 서울대학교 의과대학의 이 모 교수로, 그는 미국 메릴랜드주 플로연구소의 주문에 따라 6개월 이상 된 태아 시신에서 적출한 장기를 정기적으로 미국으로 보내온 것으로 밝혀졌다. 1969년 4월부터 1970년 11월까지 수출된 태아의 콩팥은 2025쌍(월 평균 100쌍)에 달했다. 장기는 조직이 살아 있는 상태로 연구소에 도착하는 경우에만 개당 15달러(4640원)의 보상금이 지불되었기 때문에, 이 교수는 신속한 수집을 위해 서울 시내 각 산부인과와 연락망을 조직하고, 별도의 고용인 두 명을 두어 수거 전용 오토바이를 운영했다. 하지만 태아의 장기가 수출되었다는 사실보다 대중을 경악하게 만든 것은 이 수출에 대해 보건사회부와 재무부,

1970년 김포세관에서 발견된 태아 장기 화물에 대한 보도. 인공 임신중절이 불법이었음에도 사망한 태아의 장기는 공식적으로 수출되고 있었다.

상공부, 외무부 공관이 추천서를 제공했다는 사실이었다.[1]

인공 임신중절 수술이 불법으로 규정되어 있음에도 불구하고 사망한 태아의 장기가 공식적인 수출품으로 수출되는[2] 이 기괴한 풍경은 당시 한국 사회에서 여성의 재생산권이 놓여 있던 지형들을 흥미롭게 보여준다.

정부가 원했던 모자보건법의 제정

1960년대 초는 출산 기술에 획기적인 변화와 발전이 일어난 시기였다. 미국의 실용적인 선진 의료

기술이 한국에 이식되는 과정에서, 전신 마취기와 항생제가 의료 현장에 도입되었으며 수혈도 가능해졌다.[3] 이런 변화는 분만의 위험뿐만 아니라 인공 임신중절 수술의 위험을 현저히 낮추는 기술적 조건을 제공했다.

1970년에 실시한 표본조사에 따르면, 서울 지역 여성들의 43퍼센트, 경기도 농촌 여성들은 35.1퍼센트가 인공 임신중절 경험이 있었다. 평균적으로 인공 임신중절을 한 여성들은 2.7~3.2회의 수술을 받는 것으로 조사되었다.[4] 당시 인공 임신중절 수술의 97퍼센트가 개인병원에서 이루어진 만큼,[5] "이전에 특이한 과, 외과나 내과에 비해 인원 구성이나 환자, 병실 배치에 있어서 푸대접을 받는 변변치 못한 과"[6]로 여겨졌던 산부인과는 어느새 "의사 중에서 가장 돈벌이가 잘 되는" 과이자 "황금어장이나 다름없"는 호황을 누리는 과가 되었다. 이에 따라 비전문의의 상당수가 산부인과를 진료 과목으로 내걸고 인공 임신중절 수술에 뛰어들었다.[7]

정부는 기왕의 현실을 인정하고, 합법적으로 이루어질 수 있는 임신중절 수술의 범위를 확대하기 위해 '모자보건법'을 통과시키려는 노력을 기울이고 있었다.[8] 이 법은 법적 규제를 현실화함으로써 모체 건강과 안전 분만을 도모하기 위한

1970년대의 산아제한 계몽 운동.

것으로 표명되었지만,[9] 산모의 건강에 치명적인 임신 후기 태아의 장기 수출이 정부 승인을 통해 이루어진 사실에서도 볼 수 있듯이, 여성의 건강 그 자체가 정부의 주요한 관심사는 아니었다.

정부의 일차적인 목적은 인공 임신중절 수술을 가족계획의 효율적인 수단으로 삼는 데 있었다. 피임 지식은 중산계층 여성들 사이에서도 느리게 확산되고 있었다. 1975년 이화여대생 1~2학년 220명을 대상한 조사에 따르면, 피임과 가족계획에 대해 알고 있는 학생은 62.1퍼센트였지만, 구체적으로 난소가 두 개라는 사실을 아는 학생은 48.7퍼센트, 수정이 나팔관에서 이루어진다는 것을 아는 학생은 43.5퍼센트에 불과했다.[10] 피임법의 보급이 충분히 진전되지 못한 상황에서 인구 조절을 효과적으로 달성하기 위해서는 무엇보다 인공 임신중절 수술의 합법화가 반드시 필요하다고 여겨졌다.[11] 실제로 1972년 외국 전문가들은 수술이 불법인 상태임에도 한국의 인구 둔화에서 인공 임신중절 수술이 차지하는 기여분이 22퍼센트에 달할 것으로 추정하고 있었다.[12]

여성들 역시 수술이 필요한 현실에서 정부가 보다 안전하게 수술을 받을 수 있는 길을 터주기를 원하고 있었다.[13] 1968년 대구 칠곡에서 일어난 사건은 인공 임신중절 수술의 금지가 동시대 여성들의 삶에 가져온 극단적인 위험을 보여주었다. 1968년 대구 칠곡에 사는 19세 김 모 양은 임신 7개월에 인공 임신중절 수술을 받기 위해 무면허 의사를 방문했다. 그녀가 임신 후기에 이루어진 위험한 수술 과정에서 사망하자, 무면허 의사 부부는 시체를 마을 뒷산에 암매장했다. 그러나 곧 꿈자리가 사납다는 이유로 시체를 다시 발굴, 머리·상반신·팔다리를 열 토막으로 잘라 논과 못, 못둑에 나누어 유기했다 체포되었다.[14]

이 사건은 악덕 의료행위와 부정 의료업으로 인명을 해치는 이른바 '돌팔이 의사'가 중요한 사회문제로 제기되는 계기가 되었다.[15] 1968년 한 해 동안 "필름도 없이 엑스레이를 찍"거나 "싸구려 지아민 주사로 사기치료"를 해온, 혹은 "면 허증을 빌어 마약주사를 마구 놓아 마약중독자를 양산"해 온 1668명의 "돌팔이"들이 보건당국에 적발되었다.[16]

그러나 여성들이 인공 임신중절 수술의 과정에서 경험하는 고통과 곤란은 단지 무자격자 단속을 통해 해소될 수 있는 단순한 것이 아니었다. 1973년 《동아일보》는 각지의 문화제 훼손을 고발하며, 경주 북악산 계곡에 있는 약사여래 불상이 코가 없는 흉한 모습으로 손상되었다는 소식을 전했는데, 그 이유는 "'불상의 코를 갉아먹으면 낙태된다.'는 미신을 믿는 여성들" 때문이었다.[17]

1969년 기준 한국 의사의 77퍼센트는 서울과 6대 도시에 집중되어 있었다.[18] 의사가 없는 무의면舞醫面이 508개[19] 에 달할 정도로 의료 서비스에 대한 접근성이 낮은 당시 현실에서 인공 임신중절 수술을 필요로 하는 농촌의 여성들은 미신에 의탁하거나, 그렇지 않으면 군위생병으로 어깨너머 의술을 익힌 시골의 '돌팔이 의사'에 의지할 수밖에 없었다. 비싼 의료비를 감당할 수 없기 때문에 제대로 된 병원을 방문할 수 없었던 도시 빈곤층 여성들도 마찬가지였다.

도시의 중간계층 여성들의 사정 역시 이보다 크게 낫지 않았다. 여성의 성경험과 관련된 사회적 낙인이 강하게 작동하던 당시 한국 사회에서 비혼의 여성들은 이런 의료 서비스에 접근하는 데 근본적인 어려움을 겪을 수밖에 없었기 때문이다. 인공 임신중절 수술을 통해 돈을 벌지만, 수술에 부여된 사회적 낙인으로부터는 거리를 두고 싶었던 자칭 "지각 있고 양심 있는 의사"들은 수술 과정에서 상대 남성의 동반과 동의를 요구했다.[20] 혼자서는 수술을 받기 어려운 상황에서 부유한 여성들은 인공 임신중절 수술이 이미 합법화되어 있던 국가로 향했다.[21] 그러나 대부분의 여성들은 "처녀"에게 "두말 않고 수술을 해주"는 대신 훨씬 비싼 비용을 요구하는 시내 변두리나 시골의 의사들 혹은 "돌팔이 의사"들에 수술을 맡길 수밖에 없었다.[22]

따라서 "의료시설이 완전한 곳에서라면 치사율이 편도선 수술과 비슷"[23]하다고 선언되던 낙태 수술은 한국 여성들에게 실제로 큰 위험을 각오해야 하는 의료 행위가 될 수밖에 없었다. 1975년 발표된 자료에 따르면, 낙태 시술을 받은 여성들 중 30퍼센트는 부작용을 일으켰으며, 18퍼센트가 사망의 위험 정도로 심한 부작용을 경험했다고 보고했다.[24]

'생명 존중'과 '사회의 성문란'

이렇게 정부가 원하고 여성들도 원했지만, 모자보건법의 통과는 사실상 난항을 거듭하고 있었다. 법안의 가장 가시적인 반대 세력은 가톨릭계였다. 1968년 교황 바오로 6세는 "피임약을 포함한 모든 인공 산아제한의 금지"를 천명하는 회칙을 발표했다. 이 회칙이 각국의 가톨릭 신도들과 신학자 사이에 격렬한 논쟁과 반대를 불러일으켰음에도 불구하고, 한국의 가톨릭 교계는 교황의 칙령에 절대복종할 것을 선언했다.[25] 실제로 1970년에 정부가 모자보건법을 성안해 발표했을 때, 김수환 추기경은 특별 사목교서를 발표, 모자보건법에 대한 강력한 반대 입장을 밝히는 동시에 모든 가톨릭 신도들이 이 악법의 통과 저지에 총동원되어야 한다고 호소하기도 했다.[26]

그런데, 종교계가 반대의 선두에 서기는 했지만, 태아의 생명권 대 임부의 자기결정권이라는 서구 낙태권 운동의 오랜 대립 구도는 모자보건법 논쟁 과정에서 그다지 선명하게 두드러지지 않았다. 실제로 많은 신도들은 임신중절 수술을 찬성하는 입장에 서 있었다. 1967년 세계평신도대회가 산아제한 허용을 요청하는 결의안을 교황청에 건의했을 때, 한국의 신도들은 이와 보조를 맞춰 "가능하다면 죄의식을 느끼지 않고 폭넓게 피임할 수 있기를 원한다."는 기대감을 표현했다.[27]

이런 희망은 교황이 공식적으로 "피임약을 포함한 모든 인공 산아제한의 금지"를 발표하고 한국 가톨릭 교계가 이에 절대복종할 것을 선언한 후에도 사그라들지 않았던 것으로 보인다. 서강대학교 사회문제연구소 임진창 교수가 1970년 4월부터 1971년 7월까지 전국 본당 성당의 20~60세의 신자 2451명을 대상으로 조사한 한국 가톨릭 신자의 가치관 조사 결과에 따르면, 평신도들은 결혼 전 약혼자와의 육체관계는 강력히 반대(82퍼센트)하지만 피임은 47퍼센트가, 낙태는 71퍼센트가 문제없다고 생각하고 있었다. 83퍼센트의 신자들은 가톨릭 교회의 당면 문제로 산아제한에 대한 교회의 태도를 지목했다.[28] [29]

모자보건법 제정 논쟁에 참여한 지식인들 역시 법안의 필요성에 대부분 동의하고 있었다. 경제개발과 근대화라는 과제와 씨름하고 있는 한국의 현실에서 인구를 줄이고 경쟁력을 향상시키는 가족계획 사업의 실행은 추상적인 '생명 존중'보다 더욱 긴급한 과제로 생각되었기 때문이다.

문제는 임신중절 수술이라는 새로운 기술이 전면적으로 도입될 때 발생하게 될 사회 변화였다. 가족계획 사업을 법적으로 뒷받침하기 위해 모자보건법이 꼭 필요하지만, 동시에 "너무 자유롭게 방임시키지 말고 도덕적인 문란 방지에 주의한 법안"의 내용을 만들어야 한다는 것이 모자보건법 반대론자들의 주요한 논지였다.[30]

실제로 김수환 추기경 자신도 1969년 《선데이서울》과의 인터뷰에서 가족계획 자체에 반대하는 것은 아니라는 점을 분명히 밝혔다. 김 추기경은 교계의 입장이 가족계획의 방법과 경향을 바로잡자는 것이라고 주장하고, 한국의 부유한 가정에서 오히려 더 산아제한이 많이 이루어지고 있다고 비판했다. "이것은 곧 가정의 붕괴 도의의 퇴폐를 뜻한다."[31]

주목할 만한 점은, 이 시기 모자보건법 반대론자들의 '성문란' 비판이 서구의 성해방 운동과 제2의 물결 페미니즘의 약진과 같은 젠더/섹슈얼리티 체계에서의 동시대적 변화들을 인식하면서 만들어진 대응물이라는 점이다.

한국에서 모자보건법 통과가 추진되던 1970년에, 미국 여성들은 여성 참정권 쟁취 50주년을 맞아 탁아소 설치·낙태 수술의 자유·노동의 남녀평등을 내걸고 "침실에서 식사에

가족계획에 대한 교계의 입장을 밝힌
김수환 추기경의 《선데이서울》 인터뷰.

이르는" 모든 부문의 여성동맹파업을 진행하고 있었다.[32] 한국의 지식인들은 이 "여권신장 데모"가 한국의 여성들에게 어떤 방식으로 받아들여질지에 큰 우려를 표했다. "과거의 한국 여성상에서 해방되어야 한다는 데는 이의가 있을 수 없다. 그러나 그 해방의 방법이 오늘의 미국 여성들처럼 되어간다면 과연 우리는 무엇이 될 것인가?"[33]

평등을 주장하는 여성들의 등장에 대한 두려움은 실제로 기우만은 아니었던 것으로 보인다. 1970년과 1971년 2년간 서울 가정법원 가정조정위원회에서 이혼 소송 신청과 이혼 성립은 각각 446퍼센트, 427퍼센트 증가했다. 이혼 사유 중 30퍼센트는 "남녀 평등 개념의 잘못 인식, 애정 독점 의식에 의한 질투, 부정의 망상, 남성들의 업무량 증대에 따르는 성능력 감소"와 같은 사유들로, 여성 쪽의 요구에 의해 이루어졌다. 언론은 이혼을 결심하고 감행한 여성들에 대해 "정신병적 질환", "여성 측의 노이로제와 파라노이아"와 같은 비난을 쏟아내면서, 동시에 여성들 사이에 새롭게 싹트고 있는 개인에 대한 의식("남편과 자신을 위해 힘쓰는 것이 여성의 행복이라는 우리의 전통적인 관념이 허물어지고 어머니이기 이전에 여자라고 하는 일 그러진 생각")의 출현을 근심스럽게 보고했다.[34]

그리고 평등과 자율성에 대한 관심은 재생산 기술의 사용에 있어서도 분명하게 목격되고 있었다. 1972년 여성단체협의회가 비교적 교육 수준이 높은 30대 기혼 여성 200명을 대상으로 진행한 인공유산 합법화에 대한 조사에서, 90퍼센트의 여성들은 전적인 찬성을 표했다. "여성에겐 낳을 권리가 있지만 안 낳을 권리도 있다. 원치 않는 생명을 안 낳는 것은 여성의 권리에 속한다."[35] 1960년대 말부터 서구와 일본을 휩쓸기 시작한 성해방과 페미니즘의 자장 속에서 한국 여성들 역시 뚜렷한 변화의 경향들을 나타내고 있었다.[36]

오래된 미래는 아직 오지 않았다

결국 모자보건법은 표류에 표류를 거듭한 결과 "6년 동안 세 번의 유산을 겪은" 후 유신치하의 비상국무회의에서 1973년 1월 30일에 최종적으로 통과되었다. 이 6년간의 지연은 새로운 기술이 가져올지 모르는 사회적 '위험'을 최소화하면서, 기술의 효율성을 최대화할 수 있도록 하는 법적 제도적 장치들이 만들어지는데 필요했던 시간이라고 볼 수 있다.

제정된 모자보건법은 1970년의 보사부 안과 비교해볼 때 두 가지 큰 차이점을 발견할 수 있다. 첫째, 1970년 보사부 안은 유전성 질환, 전염병, 강간 또는 준강간에 의한 임신, 혈족 간 임신 외에 "경제적·신체적으로 모자의 건강 보호가 어려울 경우"를 허용 한계에 함께 포함하고 있었다.[37] 이 조항은 사회경제적 사유를 합법적으로 인정한다는 점에서 논란을 불러일으켰는데, 결국 통과된 모자보건법 안에서는 "경제적" 이유가 삭제되고, '모체 건강'("모체의 건강이 심히 우려될 경우")만이 남게 되었다. 이러한 수정 과정은 재생산에 대한 여성들의 자기결정을 반영할 수 있는 수단들이 의도적으로 배제되었을 뿐 아니라, 전문의의 판단 아래 의학적·위생학적 견지에서 필요한 경우에만 수술이 제한적으로 허용되는 형식으로 합법화가 이루어졌음을 보여준다. 이 시대에 여성들은 이 법이 통과됨으로써 "권위 있는 의료기관에서 적절한 시기와 방법, 값싼 가격"으로 보다 "명랑한 분위

"신체 및 정신장애자"에 대한 강제 불임 시술 조항을
둘러싸고 벌어진 격렬한 찬반논쟁.

기 속에서 낙태 수술"[38]을 받을 수 있을 것이라고 약속받았
다. 그러나 동시에 모자보건법은 수술에 대한 판단 권한을
여성 자신이 아닌 산부인과 의사들에 사실상 전적으로 위임
했다.[39]

둘째, 1973년 제정된 모자보건법은 일본의 우생보호법을
참고하여, 보사부 장관이 "신체 및 정신장애자"에 강제 불

페미니스트 타임워프

임 시술을 명령할 수 있도록 규정[40]함으로써 우생학적 지향을 보다 선명하게 드러내고 있었다. 실제로 1975년 충남 정심원은 이 조항에 의거해 수용 중이던 아홉 명의 "정신박약 및 간질병 소녀"에 대한 불임 수술을 당국에 요청했다. 격렬한 찬반논쟁 끝에 최종적으로 수술은 이루어지지 않았는데, 유전성 여부가 과학적으로 엄밀하게 규명될 필요가 있다는 의학계의 반대[41]가 받아들여졌기 때문이었다. 당사자 여성들의 재생산 권리나 관점, 욕구는 논의 과정에서 전혀 고려되지 않았다. 비록 이 조항에 의거한 수술이 공식적으로 실행되지는 않았지만,[42] 이러한 근거조항은 장애여성의 섹슈얼리티가 위험한 것이며, 이들의 재생산 능력이 사회적으로 제거될 필요가 있다는 인식이 한국 사회에 뿌리내리는 데 중요한 매개가 되었다.[43]

모자보건법의 이러한 특성들은 이 법이 무엇보다 국가의 인구 관리 정책에 부합하도록 재생산 기술에 대한 여성들의 접근권과 선택권을 조절하는 작용을 해왔음을 보여준다.[44]

정심원의 장애여성들이 강제 불임 수술 대상 판정을 위해 유전자 검사를 받던 1975년, 서울대학교 의대 산부인과 과장이었던 나건영은 자신이 인공수정 현장에서 만난, 조금은 독특한 부부의 에피소드에 대해 썼다. 그들은 아이를 간절히 원해 인공수정을 받기 위해 병원을 방문한 "남장 여인" 부부였다. 나건영은 법적 남편이 아니기 때문에 "부부"에게 새로운 기술의 적용이 불가능하다고 설명했지만, 이들은 자신도 "남편"이라고 주장하며 매일같이 병원을 방문했고 이 때문에 한동안 피신해 있어야만 했다는 것이다.[45]

그로부터 40여 년의 시간이 지나 한국 사회에 수많은 정치적, 사회적 변화들이 진행되었음에도 불구하고, 비장애인 중심의 정상가족의 삶으로부터 이탈해 있는 여성들의 재생산과 관련된 선택권은 근본적으로 크게 확장되지 않았다. 이러한 의미에서 현재 진행 중인 낙태죄 폐지 운동은 단순히 금지하는 법을 제거하는 데 그치는 것이 아니라, 다양한 위치에 있는 여성들이 재생산 기술에 더 완전하고 평등하게 접근하고 그것을 활용할 수 있도록 하는 사회적 제도와 장치 들을 함께 상상해내는 출발점이 되어야 할 것이다.

페미니스트 타임워프

3

새로운 반복을 위하여

박차민정

화장실과
시민의 자격

공중변소에서 파우더룸까지

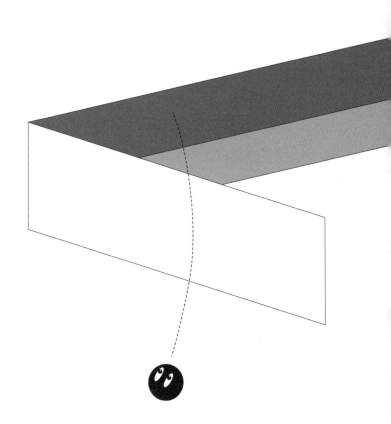

빨간 손 괴담

어린 시절 자주 들었던 으스스한 괴담 중에는 변기 구멍 사이로 앙상한 손을 내밀고 "빨간 종이 줄까? 파란 종이 줄까?"라는 질문을 던진다는 빨간 손 귀신의 이야기가 있었다. 일본에서 유래된 것으로 알려진 이 도시괴담이 한국 사회에서 친숙한 레퍼토리로 자리 잡게 된 것은 재래식 '변소'들이 현대식 '화장실'로 바쁘게 대체되던 1970년대 후반의 일이었다.

당시 신문을 살펴보면 1975년을 기점으로 '변소' 대신 '화장실'이라는 용어가 더 빈번하게 등장함을 확인할 수 있다. 이것은 단순한 언어 순화 이상의 변화를 의미하는데, 화장실과 변소는 많은 경우 전혀 다른 형식의 공간을 지칭하는 용어로 사용되었기 때문이다. 화장실이 상하수도 시스템을 기반으로 수세식 변기와 세면대, 거울, 타월 등을 갖춘 위생적이고 현대적인 공간이라면, 변소는 재래식 수거 시스템에 의존하는 더럽고 악취 나고 낙후된 공간을 의미했다.

1970년대 후반은 한국 사회에서 과거의 유물인 '변소'를 대신해 현대적인 '화장실'을 갖추는 것이 중산층의 기호로 본격적으로 등장하기 시작한 시기였다. 그리고 중산층의 자녀들, 즉 동시대에 아파트에서 나고 자란 첫 세대의 아파트 키드들은 공립 초등학교에 입학해서 생애 처음으로 이 을씨년스러운 재래식 변소를 마주하게 되었다.[1] 당시 초등학생들이 변소를 '유령의 집'이라고 불렀던 것은 퍽 자연스러운 감상이었는데, 아마도 이들에게 변소는 문자 그대로 빨간 손 하나쯤 올라온다고 해도 전혀 위화감이 없을 것만 같은 순수한 공포의 공간으로 체험되었을 것이기 때문이다.

1970년대 신문에는 어떻게든 변소에만은 가고 싶지 않아 버티는 초등학생들과 이들에게 배변을 지도하려는 선생님들의 실랑이로 아수라장이 된 교실 풍경이 자주 소개된다. 중산층의 문화적 기준에서 한참 뒤떨어진 공립학교의 '변소'가 수업에 지장을 주고 아이들의 건강을 해친다는 지적은 꾸준히 제기되었지만, 사실 뾰족한 대안은 없었다. 재래식 '변소'가 현대적인 '화장실'이 되기 위해서는 겨울에 물을 얼지 않게 하는 난방시설, 수도시설, 휴지대 등 근본적인 환골탈태가 요구되었기 때문이다. 베이비붐으로 한 학급당 80~90명의 학생이 콩나물시루처럼 모여 수업을 듣고 매년 교실 부족이 심각한 문제로 등장하던 당시의 한국 사회에서, 생산성이 없는 배설 시설에 투자한다는 것은 쓸데없는 일은 아니더라도 지나치게 이상적인 계획으로 여겨졌을 것이다.

빨간 손 귀신 괴담은 소비 수준의 향상과 함께 등장한 새로운 문화적 욕구와 여전히 낙후되어 있던 사회 투자의 현실 사이의 괴리들을 흥미롭게 보여준다. 그리고 이 격차를 메우는 역할은 보통 개개인의 몫으로 남겨졌다. 더러운 변소를 결코 사용하고 싶지 않았던, 위생관념이 특히 철저한 중산층 자녀들은 학급의 단골 오줌싸개가 되는 수모를 겪어야 했다.[2]

"불란서 빠리의 공중변소"

사실 현대적 '화장실'에 대한 문화적 욕구는 훨씬 더 이른 시기부터 발견할 수 있다. 1926년《동아일보》는 신축사옥에 대한 연재의 한 회를 새로 생긴 "화

1926년 동아일보 신사옥의 '현대식 화장실' 소개 기사.

장실을 겸한" "문화식 최신식 따블류·씨w.c"를 소개하는
데 할애하기도 했다. 정화 작용을 하는 기계가 있어 "위생상
이익"을 줄 뿐만 아니라 "헛", "콜"이라고 쓴 "고동"을 누르
기만 하면 더운물과 찬물이 나오는 "문화적 변소"는 신사옥
의 큰 자랑거리였다.[3]

　이 연재로부터 50여 년이 지난 1979년에 국제기능올림픽
대회 출전을 준비하던 한국 대표선수단은 교양 훈련과 현
지적응 훈련의 일환으로 "양식 먹는 방법"과 나란히 "수세

식 변소사용법"을 교육받았다.[4] 한국 사회에서 '수세식 변소 사용'은 한 세대에 걸쳐 문화인의 '교양'의 상징이었지만, 이를 공간적으로 구현할 만한 자원은 부족했던 셈이다. 그래서 "한번 들어갔다 나오면 적어도 하룻동안 밥맛이 떨어지는 더러운" 서울의 공중변소와 "어디서나 찾을 수 있고 또 계속해서 물이 흘러서 자동적으로 깨끗"해지는 "불란서 빠리의 공중변소"[5]는 선진국인 유럽과 여전히 후진국을 벗어나지 못하는 한국의 차이를 가장 명백하게 보여주는 (상상적인) 상징이었다.

이렇게 변소가 한 사회의 위생의 수준뿐만 아니라 "민족의 문화정도"를 보여주는 지표로 여겨졌기 때문에,[6] 개발시대의 변소에 대한 불평은 단순히 위생의 문제에 그치지 않았다. 동시대 한국인들의 변소체험은 "우리 국민의 치부를 외국인 앞에 드러내는 것 같다."거나 "외국인의 눈에라도 띌 우려가 있을까 진땀이 솟기도 한다."는 흔한 논평에서 볼 수 있듯이,[7] 후진국의 국민이 선진국에 갖는 선망 및 열등감과 관련되어 의미화되었다.

그리고 같은 이유에서 공중변소를 더럽히는 사람, 심지어는 공중변소가 아닌 장소에 방뇨를 하는 사람은 공중도덕을 어긴 경범에서 더 나아가 "나라에 대한 평가를 그르치는 수치", 심지어는 "조국을 등한시하는 자"라는 질타의 대상이 되었다.[8] 개발시대 한국의 공중변소 사용자들은 위생을 실천하는 훈육된 개인인 동시에 "공덕심(공중도덕심)"으로 무장하고 "문화민족"의 국민 됨을 실천하기를 기대 받는 존재였다.

'비시민'의 사정

이처럼 변소/화장실이라는 공간은 단순히 인간의 생리적 욕구를 해소하는 차원을 넘어 그 사용자의 자격에 질문을 던지고 특정한 정체성을 생산해내는 장소로 기능해왔다. 1967년부터 경찰은 공중변소가 아닌 장소에서 방뇨하는 "방뇨행위자"를 "비시민"으로 체포했는데,[9] 변소의 문턱은 문자 그대로 시민의 경계 역할을 하게 된 셈이다. 흥미로운 점은 단속과 뒤따른 수많은 수모들(유치장에 억류되고 즉심에 넘겨지고 체포 기록이 남는 것과 같은 곤경)에도 불구하고 이런 '비시민적 행위'가 1970년대 내내 결코 근절되지 않았다는 것이다. 이 '비시민'들이 방뇨까지 이르게 되었던 피치 못할 사정은 34세의 K상사 직원이 벌금[10]을 내고 돌아서며 남긴 당부를 통해 어렵지 않게 확인할 수 있다. 그는 "이 돈으로 공중변소를 지어주시오."라고 말했다.[11]

그가 체포된 서울 중구는 서울에서 이동인구가 가장 많은 지역이었지만 1972년 기준 네 개의 공중변소가 있을 뿐이었다. 종로에 공중변소는 세 개에 불과했다.[12] 사정이 이렇다 보니 어쩔 수 없이 근처 다방에 들어가 차 한 잔 값으로 50원을 치른 후 변소를 쓰고 나오는 것이 일반적인 대처 방법이었다.[13] 하지만 다방을 시의적절하게 발견하기도 어렵거니와 주머니 사정이 넉넉지 못한 서민들이 매번 이런 비용을 지불하기란 만만치 않은 일이었다.[14]

문제는 변소 부족이 이동 중에만 경험하게 되는 일시적인 곤란이 아니었다는 점이다. 1966년 '대도시 행정문제 세미나' 자료에 따르면, 서울 65만 가구 중 변소가 없는 집이 전체 가구의 35퍼센트에 달했다.[15] 팽창하는 수도 서울에 몰려든 수많은 영세민들은 "두 간짜리 판잣집에 변소를 마련할 여유가 없"었기 때문에,[16] 마을에 설치된 공중변소에 의지해 생활해야 하는 처지였다. 밤중에 집에서 50미터 떨어진 마을 변소에 다녀오다 통행금지 위반으로 체포된 스물여 섯 살 채소장사 청년의 사연은 사적인 변소를 갖지 못한 이들이 당시에 겪어야 했었던 고충을 잘 보여준다.[17]

같은 시기에, 부유한 계층은 보다 첨단이고 위생적인 화장실 공간을 구비하고, 이를 이용하는 것으로 사회적 위신을 과시했다. 1966년 한국 사회를 뒤흔든 '사카린 파동'[18] 당시에 삼성재벌이 밀수했던 품목에는 냉장고, 에어컨, 전화기와 함께 8000세트에 달하는 수세식 변기가 포함되어 있었다.[19]

1970년대의 핫 플레이스였던 명동의 '빠'와 '비어홀' 역시 손님을 유치하기 위해 깨끗한 현대식 화장실과 더불어 '화장실 보이'를 제공했다. 지금은 낯선 존재인 이 '화장실 보이'들은 화장실 안에 상주하다 손님이 화장실에 들어오면 양복 먼지 털기, 구두 닦기, 물수건 제공, 향수 뿌리기 등의 서비스를 수행하는 10대 소년들이었다. 이들은 정기적인 월급 대신 노동의 대가로 소정의 팁을 받았다.[20]

1971년 당시 웬만한 맥주홀의 '화장실 보이'가 되기 위해서 업주에게 지불해야 했던 보증금이 금 10돈[21]에 해당하는 3만 원이었음을 고려해보면, 위신을 위해 화장실 안에서 오

페미니스트 타임워프

현대식 화장실과 더불어 제공된 서비스였던 '화장실 보이'.

갔던 팁 경제의 규모 역시 상당했을 것으로 추측해볼 수 있다.[22]

변소/화장실은 이렇듯 계층적 차이가 상연되는 공간이었다. "노상방뇨를 금하면서 공중변소가 없고 쓰레기를 버리지 말라고 하면서 쓰레기통이 없었던"[23] 이 시대에, 개인들은 개별의 변소를 소유하고 거리를 걷지 않고 이동할 수 있는 능력(자동차의 자가 보유) 혹은 유료로 변소/화장실을 이용할 수 있는 능력을 통해서만 시민다움, 더 나아가서 인간다운 품위를 증명하고 유지할 수 있었던 셈이다.

'워싱턴 칼리지'의 '에티켓'

그러나 '화장'실이라는 명칭에서도 암시되듯이 현대적인 화장실은 무엇보다 공적영역에서 가시화되기 시작한 '숙녀'의 탄생과 밀접하게 관련된 공간이었다. 1960년대의 여대생들은 낡은 학교 변소에 "워싱턴 칼리지 w.c"라든가 "윈스톤 처칠, 황금다방, 화이트 크리스머스, 낙화유수, 납세"와 같은 "아름다운 이름"을 붙여 부르곤 했는데,[24] 변소라는 단어가 주는 노골적인 이미지를 피하는 것이 여대생들에게 교양 있는 태도라고 여겨졌기 때문이다.

기왕의 여성적 교양에 대한 기대가 수세식 시스템과 세면대, 거울을 구비한 현대식 화장실 공간 모델과 결합함에 따라, 화장실은 점차 단순히 생리적 욕구를 해결하기 위한 공간이 아니라 여성적 '에티켓'을 위해 필요한 공간으로 자리매김하게 되었다.

1970년대는 많은 여성들이 노동 현장에 진출하면서 여성 직장인이 공적 장소에서 지켜야 한다는 '에티켓'에 대한 '조언'들이 홍수를 이루던 시기였다. 예를 들어 1978년 잡지 《선데이서울》은 "보기 흉한 여성 직장인"의 모습으로, "출근길에 버스 속에서 졸고 있는 여사원, 출근 시간에 늦어 계단을 뛰어올라 숨을 할딱거리며 사무실에 들어서는 여사원, 일이 뜻대로 안 된다고 책상에 엎드려 훌쩍거리는 여사원, 친구가 찾아오거나 전화가 걸려왔을 때 어머나 높은 괴성을 질러는 여사원"과 나란히 "책상 앞에 앉아 거울을 자주 꺼내보는 여사원"을 꼽았다.[25] 직장에서뿐만 아니라 데이트할 때도 "그가 보는 데서 루즈를 고치는" 여성은 "남자를 따분하게 만"든다.[26]

여성들은 '에티켓'이라는 명목 아래 공적공간에서 항상 흐트러지지 않는 여성다움을 유지하는 동시에 외모를 점검하는 모습을 남성들에게 들켜서는 안 된다는 모순되는 요구를 받았다. 여자화장실은 내부에 거울이 비치되어 있을 뿐 아니라 여성에게만 사용이 한정되어 있다는 점에서 에티켓 속의 이상적인 여성과 육체를 가진 현실의 여성 사이의 간극을 조정할 수 있는 유용한 공간이었다. 물론 그렇다 하더라도 여성들은 눈에 띄지 않을 정도의 최소한의 시간만을 화장실에서 소요해야 했다.[27] 1967년의 한 기사는 점심식사 후에 화장을 고칠 생각이라면 반드시 화장실을 이용하라고 권고하면서, 적절한 체류 시간으로 "1분"을 권장하고 있다.[28]

직장에서 여직원이 새 옷을 사 입고 출근하면 "착복식"이라는 이름으로 전 직원들이 커피를 함께 마시는 이벤트가 벌어지고, 여직원들에게 유니폼을 도입하는 정책이 직장생활을 삭막하게 만들 것이라는 탄식이 진지한 의견으로 소개되던 1970년대에[29] 공적영역에 나온 여성들은 '에티켓'이라는 성별화된 교양을 통해 공적공간의 연장으로서 화장실을 경험했다.

물론 화장실이 '에티켓' 생산의 공간으로 변모하는 과정은 결코 순탄하게 진행된 것만은 아니었다. 당시 한국 사회는 '에티켓'에는 관심을 가졌을지언정 새로 진입한 이 노동자 집단을 위한 노동환경을 갖추는 데는 무관심했기 때문에, 일터에 나온 많은 여성들은 남자 화장실을 사용해야 했다. 칸막이 화장실 안에서 오도 가도 못한 채 부서 남자 사원들이 자신의 외모와 스타일을 품평하는 대화를 강제 청취하는 것은 동시대 여사원들의 일상적인 경험이었다.[30] 접객업소 화장실에서는 이보다 더 웃지 못할 풍경들이 펼쳐지곤 했다.

남녀 공용 화장실에서 여성 '에티켓'에 가장 중요한 거울은 종종 남자 소변기 맞은편에 걸려 있었기 때문에 '신사'와 '숙녀'는 비좁은 화장실에서 곧잘 등을 맞대고 서야만 했다. 이런 자세로 신사는 소변기를 이용하고, 숙녀는 머리를 매만지고 콤팩트를 꺼내 화장을 고쳤다.[31] 화장실 밖에서 '숙녀'로 존재하기 위해서 화장실 안에서 가장 비'숙녀'됨을 무릅써야 하는 역설적 풍경은 그 후로 오랜 시간 지속되었다.

모두의 화장실을 위한 질문

빠른 경제성장의 결과 한국 사회는 1920년대부터 꿈꿔왔던 '문화식' 화장실의 이상을 현실화할 수 있게 되었다. 위생적이고 청결할 뿐 아니라 '신사'와 '숙녀'가 뒤섞여 있지 않은 매끈한 성별 분리적 화장실은 적어도 도심 지역에서라면 어렵지 않게 찾아볼 수 있는 것이 되었다. 그리고 학교에서 고속터미널 휴게소까지, 그 어디서든 칸막이 화장실보다 거울 앞에 더 긴 줄이 늘어서 있는 여자화장실의 풍경은 화장실이 성별화된 '에티켓'이 생산되고 유지되는 장소로서 우리의 일상에 완전히 정착되었음을 보여준다.

이렇게 젠더가 공간을 지배하는 주요한 원리가 되었을 때, 이러한 기준에서 이탈하는 사람들은 화장실에 대한 접근성을 제약당하고, 그 결과 공공공간 전반에 대한 접근권을 심각하게 훼손당하게 된다. 개발 시대의 한국인들이 시민의 품위를 유지하기 위해 화장실 삯을 대신한 '커피값'을 지불해야 했다면, 우리 시대에 그 비용은 젠더 정체성을 외적으로 '적절하게' 표현해내는 능력이 되었다.

변소/화장실은 인간의 기본적인 생물학적 욕구를 해소하기 위해 반드시 필요한 공간이지만, 이 공간에 대한 접근성은 구성원의 자격에 따라 차등적으로 분배되어왔다. 1960년대 흑인 민권운동이 출현하기 전 미국에서는 인종에 따라 분리된 변소를 사용하는 것이 규범화되어 있었다. 마찬가지로 식민지 시대의 공설시장 공중변소는 조선인들에게만 자물쇠가 채워져 있었다.[32]

1974년 고교평준화 조치에 분노한 소위 명문고 학생들이 자신들의 항의를 표현하고자 했을 때, 그들은 신입생들이 변소를 사용하지 못하도록 막았다. 이처럼 공적인 공간으로부터 배제와 분리는 "너희는 우리와 절대 동류일 수가 없다."[33]고 선언하는 중요한 경계 짓기의 방식이었다. 변소/화장실은 실제로는 "빨간 종이 줄까, 파란 종이 줄까"가 아니라 구성원의 자격을 심문하고, 특정한 정체성들을 승인하고 생산해내는 중요한 공적공간으로 기능해왔던 셈이다. 따라서 모두에게 더 안전하고 평등한 화장실을 만들기 위한 사회적인 논의는 '현재 이 공간을 통해서 생산되고 규범화된 시민의 자격이 과연 무엇인가?'라는 질문으로부터 출발해야 한다.

김주희

'원정녀' 탄생의 정치경제

양공주에서 원정녀까지[1]

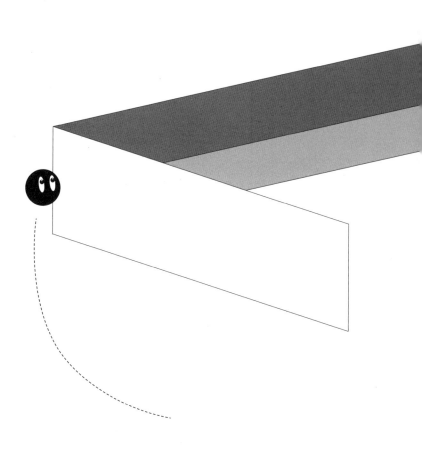

'국격'을 떨어뜨리는 해외 한인 성매매?

미국 남성들 사이 '마약은 중남미, 마사지는 한국이 본산'이라는 말이 널리 퍼져 있다고 한다. 한인 여성들이 고용되어 있는 미국 성매매 업소에 대한 이야기로, 사실 그다지 놀라운 이야기는 아니다. 지난 10년간 해외의 한인 성매매 업소 문제는 잊을 만하면 등장하는 단골 뉴스였다. 2000년대 중반 한인 성매매 업소에 대한 미국의 대대적 인신매매 단속 작전이 널리 보도된 바 있다. 2005년의 '황금새장 작전Operation Gilded Cage', 2006년의 '달갑지 않은 위로 작전Operation Cold Comfort' 등이 대표적이다. 2011년에는 시카고, 뉴저지 등에서 불법 성매매를 하던 한국 여성들이 체포되었다는 소식이 들려왔고, 2012년에는 미국 텍사스주 휴스턴의 해리스 카운티가 한국인이 운영하는 "인신매매의 소굴"인 마사지 업소와 나이트클럽을 퇴출해달라고 법원에 청원했다는 소식이 보도되었다. 2016년 4월에는 한국과 미국 경찰이 공조한 최초의 합동 거개 작전에 의해 뉴욕주와 뉴저지주 일대 한인 성매매 업소에 대한 기습적인 단속이 실시되기도 했다.

미국에서 성매매 혐의로 기소되었다는 한국 여성들의 머그샷은 아직도 온라인을 떠돌고 있다. 또 누구나 한 번쯤 미국 경찰에게 성매매 혐의로 체포되는 한인 여성들에 대한 뉴스 화면을 본 적이 있을 것이다. 이런 소식을 전하는 뉴스는 예외 없이 "낮에는 유학생 밤에는 성매매…… '부끄러운 한국'", 심지어 "매춘녀는 한국 출신"처럼 여성 개인을 비난하는 문구를 함께 전했다.[2] 여성들을 고용한 한국인 업주의 얼굴이나 이들을 해외 업소로 알선한 브로커의 모습은 어떤 뉴스 화면에도 등장하지 않는다. 여러 보고서에서 한국 남성들의 동남아 지역 성매매 관광에 관한 문제, 심지어 아동 성구매 문제를 지적했음에도[3] 해외에서의 한인 성매매 문제는 업소에 고용되어 일하는 '한국 여성들의 얼굴'과 함께 한국 사회에 전송되고 있다. 한국 여성의 성적 방종함 때문에 같은 국민으로서 '부끄러움'을 느낄 수밖에 없다는 메시지와 함께.

페미니스트 타임워프

2012년 5월 한국의 몇몇 언론은 여성가족부가 미국에 있는 해외 성매매 여성을 3만 명으로 추산하고 있다고 보도했다. 후에 오보로 밝혀지기는 했지만, 이 무렵부터 사람들은 해외에서 성매매를 하는 여성들을 '원정녀'라고 부르며 조롱하기 시작했다. 여전히 '원정녀 3만 명'이라는 숫자는 바로 한국 여성의 민낯'이라면서 '부끄러움을 모르는 한국 여성들'을 경멸하는 근거로 쓰이고 있다. 그 무렵 일본의 한 남성 성구매자가 한인 여성들과 성매매하는 장면을 몰래 촬영한 불법영상물을 온라인에 업로드했고, 한국 남성들은 이를 '야동'으로 유포하며 소비했다. 남성들은 영상에 등장한 이들을 "원정녀 1호", "원정녀 2호" 등으로 부르며 이 여성들의 신상을 털기에 이르렀다. 영상 속 한 여성이 이 영상의 유포로 인해 자살했다는 소문까지 들려왔지만 한국 남성들은 영상을 "유작"이라 부르며 더욱 열성적으로 공유하기에 이르렀다. 이들은 자신들의 부지런한 신상털이, 여성에 대한 조롱과 모욕이 '국격을 떨어뜨린 원정녀'에 대한 적절한 응징이라고 합리화한다. 이들이 말하는 '국격'과 '부끄러움'이라는 단어는, 해외에서 한국 여성들이 몰지각한 행동을 했기에 이와 상관없는 국내의 한국인들이 수치스러워졌다는 내용을 담고 있다. 이때의 '부끄러움'은 국경 밖에서 만들어져 한국을 겨냥하는 모양새를 취한다.

기지촌에 머무르는 '양공주'

한국 사회의 뿌리 깊은 가부장성에 비추어볼 때 '원정녀'라는 멸칭은 그다지 놀랍지 않다. 유학, 취업 등으로 해외 체류 경험이 있는 여성들에 대한 낙인의 시선도 마찬가지다. '원정녀'를 질책하는 한국의 가부장성은 식민지 민족주의와 결합하면서 서로를 강화해왔다.

한국 사회는 민족 경계 외부의 위협적인 타자로서 서구를 동경하는 여성들이 가진 욕망을 불순하다고 낙인찍고 혐오해왔다. 이 불순함은 언제나 여성에 대한 성적 낙인과 연동되어 있다. 한국 여성들을 성적으로 단속하면서 외세로부터 민족의 '순수성'을 지켜내려는 한국 남성은 궁극적으로 서구 남성과 대결하는 모양새를 취한다. 그러므로 식민지 콤플렉스는 남성들의 전유물로 간주될 수밖에 없다. 냉전 시대 '양공주'라는 멸칭이 대표적이다. '양공주'는 넓게는 미국인 남성과 성적 관계를 맺는 한국 여성들을 경멸적으로 일

기지촌의 한국 주둔 미군 남성들과 소위 '양공주'라 불린 여성들.

컫는 말로, 보통 미군을 대상으로 성매매하는 여성들을 지
칭한다. 때로 '유엔 마담', '유엔 사모님', '양갈보'로 불리기도
한 이들은 보통 한국 영토 내 미군 기지촌에 거주하며 미군
을 상대로 성매매하는 여성들이었다. 한국 남성들이 옹호하
고자 한 민족국가의 정통성은 자국 여성들의 순결함을 통해
재생산될 수 있는 것으로 상상되었고, 그것은 '양공주'로 대
표되는 불순한 여성들을 단속하고 그들로부터 거리를 둠으

로써 지켜내야 하는 것으로 인식되었다.

'원정녀'를 식별하고 낙인찍는 동시대 한국 남성들의 욕망은 '양공주'를 질책하고자 했던 그들 아버지 시대의 그것과 맞닿아 있다. '원정녀'는 가히 21세기 '양공주'로 이해되고 또 혐오된다. 이 여성들을 범주화하여 낙인찍는 방식은 구시대의 그것과 다를 바 없어 보인다. 하지만 과연 혐오자들의 주장처럼 '양공주'와 '원정녀', 이들을 서로 다른 시간에 등장한 동질적 존재라고 볼 수 있을까? 이 질문에 답하려면, 먼저 이들이 누구인지 질문해야 한다. 성급하지만 결론부터 말하자면 이 두 존재가 탄생한 정치경제적 원인 및 그들이 추구한 전략에는 큰 차이가 있다.

과거 '양공주'라 불리던, 주로 기지촌에서 일하는 한국 여성들은 한국 주둔 미군 남성들과 때로 성매매를 하고, 때로 데이트를 하고, 때로 결혼을 한 여성들이다. 이들은 미군을 상대로 하는 성매매 여성이기도 하고 그들의 애인이기도 하며 또 부인이기도 하다. 미군과 결혼한 기지촌 여성들은 미군기지 안에서 신혼살림을 차리기도 했고 미군의 부인 신분으로 미국에 이민을 가기도 했다. 특히 1980년대 미군과 결혼해 미국으로 건너간 많은 여성이 한국 기지촌에서 성매매 업에 종사하던 여성들이라는 것은 주지의 사실이다. 물론 이들 중 일부는 미국에 도착하자마자 업자에 의해 미국의 안마시술소나 술집으로 인신매매되기도 했다. 또 많은 수의 여성들이 남편과 이혼하게 되면서 역시 알선자의 소개로 미국의 군 기지 주변 성매매 업소에 유입되었다. 미군 기지촌 성매매에 관한 한 연구에서 인터뷰에 응한 한 미국의 이민귀화국 직원은 미국의 한인 성매매 여성 중 미군과 결혼해서 입국한 경우가 아닌 여성을 한 명도 만나보지 못했다고 말하기도 했다.[4]

이 여성들은 미국에 가고자 하는 열망이 있었다. 1993년 한 신문기사에 실린 용산구청 여성복지상담원의 인터뷰에 따르면, "이곳[이태원 기지촌] 여성들의 하나같은 바람은 미군과 결혼해서 미국으로 이민 가는 것"이라고 한다.[5] 강유가람 감독의 다큐멘터리 「이태원」에도 이런 인터뷰가 등장한다.[6] 영화에 등장한, 현재까지 기지촌에 거주하고 있는 60대 여성은 자신이 비록 미군과의 결혼 생활에 실패하고 한국에 돌아와 근근이 살고 있으나 후회 없는 삶이었다고 말한다. 자신은 "양갈보 생활"을 했으니 미국에 한 번은 가봐야 한다고 생각했고, 어쨌든 그것을 실현했다는 것이다. 이태원을

**기지촌에서 일하면서 살아온 여성들의 이야기를 기록한
영화 「이태원」.**

아직 떠나지 못한, 이제는 나이 든 여성들은 스스로를 이태
원에 남아 있는 "루저"라고 설명한다. 이태원의 한 여성은
최근까지 미국으로 복귀하는 군인에게 태극기와 성조기를
함께 새긴 점퍼를 선물했다.

지난 30년간 한국 사회는 큰 변화를 겪었지만 기지촌 여
성들은 여전히 미국적인 것을 세계적인 것으로 이해하고 있
으며 '아메리칸 드림'을 기대하고 있다. 한국 사회 전반이 글
로벌 도시공간으로 변모하면서 기지촌이 더는 젊은 여성들

페미니스트 타임워프

도 미군들도 찾지 않는 공간이 되었음에도, 그곳에 남은 나이 든 여성들은 여전히 그곳을 한-미 친선의 공간으로 의미화한다. '아메리칸 드림'은 한국 사회에서 처절하게 멸시되고 경멸받아온 이들이 더 나은 미래를 도모할 수 있는 유일한 선택지이기 때문이다. 한-미 동맹관계를 체현하고 있는 과거의 '양공주'는 한국이라는 영토를 떠나 미국으로 건너가 정주할 미래를 준비하며 다이알 비누, 피닛 버터 따위의 미국 상품을 경건하게 소비하고 있고, 그런 의미에서 나이 든 기지촌 여성들의 현재는 훗날 미국에서의 삶을 위한 유예된 시간이다. 하지만 한국이라는 영토를 벗어나 아메리칸 드림을 달성하기 위해 이들은 역설적으로 냉전 시대 지리정치학에 의해 구획된 한국, 기지촌에 귀속되어 정주해야 하는 존재들이다. 이들은 한국 여성으로, 미래의 미군의 부인으로, 국민국가적 정체성을 통해서 자신을 증명할 수 있는 영토화된 존재들이다.

국경을 넘나드는 '원정녀'

최근의 연구들은 한인 여성들이 더 이

상 미군과의 결혼을 통해 미국 성매매 산업에 충원되지 않는다는 지점을 포착하고 있다.[7] '황금새장 작전' 등으로 검거된 여성 중 그 누구도 미군의 배우자로 미국에 오지 않았으며, 이 여성들은 미국에서 성매매 업에 종사하게 될 것이라는 사실을 미리 알고 있었다고 한다. 이런 변화는 한국이 2008년 11월 17일 미국 비자 면제 프로그램Visa Waiver Program에 가입함에 따라 90일 이내의 관광, 상용 목적의 방문의 경우 비자 대신 전자여행허가만 받으면 되도록 미국 입국 시스템이 간소화된 상황과 밀접한 관련이 있다. 이는 최근 한인 여성들의 해외 성매매 문제를 이전 시대 한국 사회에서 천대받던 여성들의 '아메리칸 드림'과 같은 프레임으로 해석하기 어렵다는 것을 알려준다.

거의 모든 조사에서 동시대 한국의 성매매 경제 규모는 OECD 국가 가운데 최고 수준으로 나타나고 있다. 영어로 '코리안 바Korean bar'가 이미 고유명사가 된 사실이 보여주듯 한국식 룸살롱과 같은 영업 스타일은 세계적으로 이름을 날리고 있다. 2000년대 이후 한국의 성매매 업소는 대형화되었고 각 업소 영업 방식이 세분화되고 등급화되면서 성매매 산업의 경제 규모가 팽창했다.[8] 룸살롱에서 15년 동안 일하며 성매매 산업이 팽창한 모습을 지켜본 한 영업실장 역시 현재와 같은 형태로 룸살롱이 다변화된 데 대해 "경기 하락에 대한 자구책의 결과"라고 진술한다. 룸살롱은 더 이상 화이트칼라 남성들만 찾는 장소가 아니라 모든 계층 남성들의 놀이터가 되어야 했고, 이들 모두가 위화감 없이 이용할 수 있도록 가격과 서비스가 다양하게 제시될 필요가 있었다. 그 결과 룸살롱은 업소의 가격 수준, 여성들의 외모 등급, 여성들이 제공하는 성적 서비스의 범주에 따라 세세하게 등급화되었다. 거칠게 설명하자면 이제 손님들은 상급 업소에서 외모가 뛰어난 여성에게 적은 신체 접촉 범위 안에서 많은 돈을 내고 서비스를 받을 것인지, 하급 업소에서 그보다 외모가 뛰어나지 않은 여성에게 더 많은 접촉의 허용선 안에서 적은 돈을 내고 서비스를 받을 것인지 선택하면 된다.

여성들이 외모에 따라 계층화된 업소에 속해 있고 이 여성들이 업소 등급에 맞는 정해진 서비스를 제공한다는 아이디어는 사실 새롭지 않을지도 모른다. 하지만 이런 아이디어는 전후 관계가 뒤바뀐 것으로, 그 자체로 이데올로기적 성격을 갖는다. 성매매 업소의 세분화된 등급은 각 업소에 속한 여성들의 외모에 차이와 위계가 있다는 믿음을 만들어내는 한편 이 여성들의 가치가 다르다고 합리화하는 메커니즘 그 자체다. 한국 사회의 성매매 산업의 층위는 대략 잡아도 열 개 이상인데, 여성들의 미모의 등급이 10등급으로 나뉠 수 있다는 생각 자체가 바로 각 업소 여성들에게 다른 가치가 있다는 믿음을 만들어내는 원리이며, 각 여성에 대한 태도를 만들어내는 원리인 것이다. 하급으로 분류되는 업소를 찾는 남성들이 그곳의 여성들을 어떻게 대할지는 분명하다. 이들은 '더럽게 놀기 위해' 이 업소를 찾는, 분명한 목적을 갖고 있다. 여성들이 합리적 배치의 결과 이 업소에 속하게 되었으므로 응당 하급 업소 여성들은 이런 서비스를 제공해야만 한다는 논리다. 이런 구조 속에서 남성 손님들은 '진상 손님'이 되도록 장려된다. 성매매 업소 후기에 "가성비"라는 단어가 유독 자주 등장하는 것이 대표적이다. 결국 여성들은 '진상 손님'을 덜 만나고 좋은 대우를 받기 위해 상급 업소로 이동하려 한다. 이 때문에 여성들은 다이어트를 하고 성형수술을 한다. 한국의 성형 시장은 세계적인 규모로 알려져 있는데, 그중에서도 서울의 강남이 성형 시장의 메카가 된 것은 강남 유흥업소 여성 종사자들이 잦은

성형을 하는 것과 밀접한 관련이 있다.[9]

동시에 남성 손님들은 룸 안에 혼자 있지 않고 집단적으로 모여 있기 때문에 다른 남성들의 파트너 여성들을 비교한다. 상사를 접대하는 여성이 더 예뻐야 하고, 더 조심스럽게 다루어져야 하며, 더 좋은 대접을 받는다는 것은 당연한 사실이다. 이런 상황에서 여성들은 '용의 꼬리가 될 것인지, 뱀의 머리가 될 것인지' 선택해야 하며 그 결과 이들은 상대적으로 좋은 대접을 받기 위해 하급 업소로 이동하기도 한다. 하지만 이 과정에는 우연적인 요소가 포함되기도 한다. 여성들은 일상적으로 같은 업소 내 여성들과의 상대적 비교를 통해 남성 손님들에게 '초이스' 되기 때문에 어떤 업소에서는 우연히 중간급 여성이 될 수도 있지만, 어떤 업소에서는 우연히 '에이스'가 될 수도 있다. 이런 우연을 기대하며 여성들은 유사한 등급의 업소들을 이동한다. 동시에 업소에서는 언제나 '뉴페이스'라 불리는 '신참', 새로 온 아가씨들이 인기가 좋다. '본래 다른 일을 하다가 처음 이런 업소에 나오게 되었다.'는 말은 여성들의 가치를 높이는 전형적인 설명이다. 이런 '뉴페이스 어드밴티지' 역시 여성들의 이동을 만들어내는 중요한 원리다.

결론적으로 여성들은 상급, 하급, 동급 업소를 끊임없이 이동한다. 업소를 빈번하게 이동하는 것은 그나마 좋은 대우를 받을 수 있는 노동환경을 찾고자 하는 여성들의 전략이다. 이처럼 한 명의 여성이 위계화되어 있다고 가정되는 성매매 업소를 상하좌우 두루 이동 중이라는 사실은, 업소에 등급이 있고 여성 외모에도 등급이 있다는 강고한 믿음이 사실은 허구적이라는 것을 말해주기도 한다. 성매매 산업의 등급에 따라 여성들이 위계화되어 배치된다는 관념은 성형이나 헤어, 의상 등 '자신에게 많이 투자한 여성'이 높은 등급 업소에 속할 수 있다는 환상을 주입하기도 한다. 그러므로 여성들은 미용 산업의 소비자로서 업소를 이동한다. 여성들의 잦은 이동은 브로커, 미용실, 성형외과, 옷가게 등 성산업 주변 상인들에게 언제나 이익이다. 그러므로 오늘날의 등급화된 성매매 산업에는 여성들의 이동을 끊임없이 권장하는 브로커와 상인이 함께 포진해 있는 것이다. 그 결과 여성들은 쉴 새 없이 업소를 이동하며, 이동 중에 여성들은 잠시 해외 업소로 이동하기도 한다. 소위 '원정녀'가 탄생하는 순간이다.

이때 브로커들은 단기간에 고수익을 낼 수 있다는 광고

를 앞세워 여성들에게 해외 이동을 위한 투자를 권한다. 이동비, 체류비, 알선비가 그것이다. 브로커 등 수많은 사람들이 여성들의 해외 이동으로 수익을 거둘 수 있는 환경에서 여성들의 미래 예상 수입은 당연히 부풀려지고 과장된다. 전자여행허가증을 들고 단기간 이동 중인 여성들에게 국경은 중요하지 않다. 이들은 지방의 업소든 해외든 큰 차이가 없다고 생각한다. 여성들은 그저 등급화되어 팽창된 성매매 산업의 생태계 속에서 여러 업소들을 빠르게 이동할 뿐이다. 이런 이동은 최대한의 수익을 달성해줄 수 있는 업소를 찾고자 하는 여성들의 자구책이다. 이들은 한 업소에서 '초이스'가 잘된다고 해도 방심하지 않고 다른 여성들과 정보를 교환하고 여러 업주들과 '트라이'를 보며 동시에 성형수술과 다이어트를 한다. 게다가 한국 사회의 뿌리 깊은 여성의 성에 대한 보수적 관념은 업소 안에서 '손을 덜 탄' 여성을 찾도록 하는 동력이 된다. 여성들은 이동함으로써, 탈영토화된 존재가 됨으로써, 자신의 '프레시'함을 유지할 수 있으며 뉴페이스로서 가치를 높일 수 있다.

'코리안 바'를 만들어낸 한국 남성의 민낯

2015년 페미니즘이 재부상한 장소가 한 온라인 커뮤니티의 '메르스 갤러리'라는 사실은 이미 널리 알려졌다. 메르스 사태 당시 이 갤러리에서 남성 인터넷 유저들은 해외에서 한국으로 메르스를 전파한 이들로 한국 여성들을 지목했다. 하지만 메르스 갤러리를 점거한 여성 인터넷 유저들은 '이게 다 원정녀 때문, 김치녀 때문'이라는 온라인에 만연한 여성혐오 발화를 더 이상 참지 않겠다고 선언했고, '한국 남자'들에게 전쟁을 선포했다. 여성들은 남성들이 말하는 '국격'이 과연 무엇이냐며 한국 남성들의 민낯에 거울을 들이밀었고, 한국 사회 내부에 대해 질문하기 시작했다.

한국 남성들이 해외에서 성매매를 하는 동시대 한국 여성들을 '원정녀'라고 이름 붙이며 조롱하는 이유는 단지 이들의 수가 많기 때문이 아니다. 그것은 여성들의 성적 방종, 금전적 탐욕에 대한 비난이며, 나아가 여성들이 서구를 욕망하는 것에 대한 성적 비난이다. 이런 논리대로라면 현재의 '원정녀'라는 표상은 과거 시대 서구를 욕망하던 '양공주'의 표상과 다를 바 없어 보인다.

하지만 미국에서 성매매하는 최근의 한인 여성들은 이전 시대 미국 선망의 식민지적 유산으로 등장한 여성이 아니다. 이들은 한국 사회 내부의 거대한 규모의 성매매 산업에서 필연적이고 일시적으로 만들어지는 존재들이다. 여성들은 한국 성매매 산업에 발을 들인 이상 그곳에서 생존하기 위해서 일시적 이동을 통해 나은 노동환경을 찾아야 했고, 스스로를 반복적으로 '뉴페이스'로 만들어야 했다. 동시에 여성들의 이동은 관련 업종 수많은 이들의 이익 창출로 이어지는 일이다. 그러므로 이 여성들을 적극적으로 비난하고 혐오하며 소비하는 남성 자신들이 바로 동시대 '원정녀'라는 존재를 만들어낸 내부인이며, 이들이 바로 글로벌 성산업에서 한국을 여성 송출국으로 기능하도록 만든 장본인이라는 점을 잊지 말아야 할 것이다. '국격'을 운운하기에 앞서, 전 세계적으로 유명한 '코리안 바'를 만들어내고 이용하는 한국 남성들의 민낯을 분석하는 것이 시급한 이유다.

김신현경

다시,
박근혜를 '사유'해야 한다

2002년 여성 대통령 논쟁에서
박근혜 전 대통령 탄핵까지

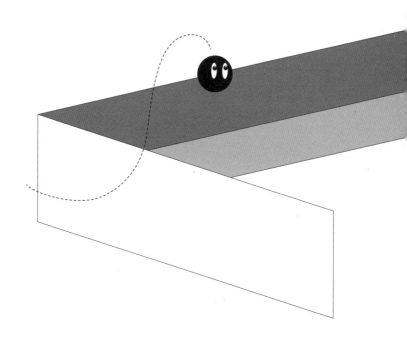

'여성' 대통령의 실패, 여성 '대통령'의 실패?

2016년은 새로운 젠더/섹슈얼리티 상황이 펼쳐진 한 해였다.

한쪽에는 2015년부터 불붙은 '여성혐오' 논쟁, 강남역 살인 사건에 대한 폭발적인 문제화, 20대 페미니스트 집단들의 등장, ○○계 내 성폭력 논의, 정유라를 건져내어 박근혜 대통령 탄핵의 중요한 계기를 만든 이화여대 사태, 촛불광장을 가득 메운 다양한 여성들이 있었다. 그리고 그 반대쪽에 한국 최초의 여성 대통령 박근혜, 박근혜의 뒤에서 사실상 국정 전반을 쥐락펴락한 최순실과 딸 정유라, 조카 장시호, 그녀들의 충견 노릇을 자처하며 문화계 블랙리스트 작성을 주도한 전 여성가족부 및 문화체육부 장관 조윤선이 있었다.

'그래서 어쨌단 말인가?'라고 되물으며 남성들만큼이나 여성들 또한 다양한 위치, 경험, 정체성, 이력을 가진 개인들임을 들어 이 구도를 탈젠더화할 수도 있다. 박근혜의 실패는 여성 '대통령'의 실패이지 '여성' 대통령의 실패는 아니라는 주장이 이런 전략을 취한다. 틀린 말은 아니지만, 충분하지도 않다. 대중 무/의식의 저변에서, 박근혜의 실패를 '여성' 대통령의 실패로 구성하는 한국 젠더/섹슈얼리티 체제의 힘은 강력하다. 탄핵을 앞두고 긴장이 최고조에 달했던 2017년 1월, 논란이 되었던 「더러운 잠」 사태를 떠올려보라. 벗겨진 것만으로 여성 '대통령'이 '여성' 대통령으로 하락하리라 기대하는 이 안이한 이미지가 박근혜의 무엇을 풍자하고 있는가?

역으로 박근혜 측에서 이를 이용하기도 했다. '여성' 대통령으로서 밝힐 수 없는 상황도 있는 법인데, 전부 밝히라고 요구하고 끝내 '벗긴' 그림을 전시하다니, 이는 '여성'에 대한 불공정한 처사라는 것이다.

'박근혜를 찍겠다'고?

이 모든 상황이 종료된 듯 보이는 지금,

2002년 여성 대통령 논쟁을 다시 들여다보는 것은 새삼스럽다. 하루가 1년 같은 한국 사회에서 벌써 10년을 훌쩍 넘긴 이 논쟁을 기억하고 있는 이는 많지 않을 것이다. 그렇기에 더더욱 이 논쟁을 제대로 복기해야 한다. 박근혜의 실패가 '여성' 대통령의 실패는 아니라는 불충분한 분석과 이제 '여성'이라는 기표는 더 이상 새로운 정치, 더 나은 세상과 관련이 없다는 성마른 주장을 넘어서고 싶다면 말이다.

이 논쟁은 당시 '아줌마 페미니스트' 논객 최보은이 영화 「친구」의 평론을 쓰면서 "아줌마는 박근혜 씨가 대통령에 출마한다면 그를 찍을 작정이다."[1]라고 밝힌 데서 점화되었다. 이 글 자체는 2001년 4월 영화잡지 《씨네21》에 실렸다. 그런데 이듬해 2002년 대선을 앞두고 진보 진영에 던져진 '보수 여성 대통령의 가능성'이라는 화두의 생명력은 한 해를 넘겨 지속될 만큼 만만치 않은 것이었다. 그녀의 주장인즉슨 남자들에게 '의리'라는 가치가 중요한 이유는 서로 줄 자원들이 있기 때문인데 여자들은 그렇지 않기 때문에 서로 '의리'를 지킬 필요가 없다, 그러다 보니 집단으로서의 여성은 점점 자원에서 멀어진다, 그러니 "멸종 위기의 동물은 그게 해충이라도 보호해야 하고, 프런티어를 개척한다면 그게 진보파 낫이든 보수파 낫이든 무슨 상관이겠느냐는 논리에서"[2] 박근혜가 대선에 나온다면 그녀에게 투표를 하겠다고 밝힌 것이다. 여기에 당시 《한겨레》 논설위원 김선주, '좌파 논객' 김규항, 신현준 등이 가세했다. 김선주는 「여성도 '지저분'해져야?」라는 제목의 칼럼에서 "박근혜 의원이 여성 대통령후보가 못 될 것이 없다는 문제제기는 처음엔 엉뚱했지만 그럴 수도 있다는 생각이 든다."며 "지나친 결벽주의를 버

2002년 대선을 앞두고 벌어졌던 '여성 대통령' 논쟁.

리고 서로 연대하고 지저분해질 각오가 없다면 여성은 언제까지나 남성 정치권력에 이용당하는 주변 정치세력으로 남을 수밖에 없을 것"이기에 "여성들도 필요하면 박근혜 의원을 활용할 수 있는 것 아닌가."라고 되물었다.[3] 그러나 이 논쟁에 가장 뜨거운 기름을 부은 것은 김규항의 글이었다. 그는 비슷한 시기 잡지《씨네21》에 실린 칼럼에서 "모든 사회적 억압의 출발점인 계급문제에 대해 정말이지 무관심"하며 "여성이라는 계급이 일반적인 의미의 계급보다 더 근본적이라 생각하는" 페미니즘을 "주류 페미니즘"이라 명명한다. 그는 "주류 페미니즘이 그런 저급한 사회의식에 머무는 실제 이유는 그 페미니즘의 주인공들이 작가, 언론인, 교수(강사) 따위 '중산층 인텔리 여성들'이기 때문"이라고 주장하며, 이 주류 페미니즘이 남근주의에 투항한 예로서 최보은의 주장을 든다. 그녀가 "정치적 남성인 생리적 여성을 대통령으로 밀자고" 했기 때문이다.[4]

이후 논쟁은 김규항이 진보 남성 집단과 여성운동을 동등한 잣대로 평가하지 않는 데 대한 문제제기, 지지 여부와는 별도로 박근혜에 대한 여성계 논의를 촉구하는 글들로 풍성해졌지만 대중적으로 가장 크게 회자된 이야기는 단연 박근혜에 대한 지지 여부였다.

응답하라, 2002

    그렇다면 2002년에 박근혜를 중심으로 여성 대통령 논쟁이 벌어진 이유는 무엇인가. 박근혜가 정치인으로서 정치계에 본격 데뷔한 것은 1997년이었다. 그녀는 당시 한나라당 대선 후보였던 이회창에 대한 지지 선언 후 한나라당에 입당한 뒤 1998년 대구 달성군 재보궐 선거에서 국회의원으로 당선되었다. 한국 사회가 IMF 경제위기를 겪으며 '박정희 시대'를 노스탤지어적으로 소환하기 시작할 무렵이었다. '환난의 시기'를 '좋았던 시절'에 대한 회고로 극복하고자 한 대중 정서가 박정희의 생물학적인 딸 박근혜를 정치인으로 불러낸 것이다. 이에 힘입어 박근혜는 2000년 한나라당 부총재로 선출되었고, 2002년에는 총재 이회창의 제왕적 당 운영을 비판하며 '한국미래연합'이라는 신당 창당을 주도했다. 이런 행보를 통해 그녀는 비록 아버지의 후광을 업고 등장했지만 '할 말은 하는' 보기 드문 여성 리더로 부각될 수 있었다.

IMF 경제위기를 겪으며 소환된 '박정희 시대'에 대한
노스탤지어적 회고를 등에 업고, 정치인 박근혜의 행보가
시작되었다.

여기에는 1990년대 중후반 한국 사회를 휩쓴 페미니즘과 성정치의 여파도 작용했다. 1987년 민주화 이후 남녀고용평등법 제정, 1990년대 초 섹슈얼리티 폭력 관련 법률들의 제정, 일본군 '위안부' 운동의 시작, 대학 내 여성주의·성정치 운동 집단의 등장, 호주제 폐지 운동 등 확산을 거듭해온 한국 페미니즘은 1997년 IMF 경제위기와 1999년 군가산점제 위헌 판결 이후 후폭풍을 감당하며 사회적인 성별권력 관계에 대한 보다 근본적인 고민에 부딪혔다. 2000년에는 '운동사회 성폭력 뿌리뽑기 100인 위원회' 사건을 통해 보수와 진보를 가리지 않는 가부장적 성 권력을 문제제기했던 터였다. 최보은이 자신의 글에서 "프런티어를 개척한다면 그게 진보파 낫이든 보수파 낫이든 무슨 상관이겠느냐"고 쓴 것이나, 다른 논자들이 김규항에게 진보 남성의 가부장성을 성찰하기를 권한 것은 이런 상황에서 연유한 것이었다.

게다가 2002년은 지방선거와 대선이 함께 치러진 해였다. '여성의 정치참여'는 단연 큰 화제일 수밖에 없었다. 페미니즘 이슈가 일상적으로 제기되는 한편, 경제위기 및 군가산점제 위헌 판결 이후 빈번해진 페미니즘에 대한 공격이 어우러져 가장 큰 자원 분배 관할 영역인 정치에서의 여성 과

소대표성에 대한 문제제기가 본격화하기 시작한 것이다. 선출직은 아니었지만 2002년 7월 '대한민국 최초의 여성 총리'라는 가능성을 안고 등장한 장상 지명자의 낙마 또한 여성과 정치의 관계를 문제화한 중요한 사건이었다. 정치라는 남성적 영역에서 일정한 지분을 가진 여성 박근혜가 일종의 화두로 등장할 수 있었던 것은 바로 이런 시대적 흐름 아래에서였다.

그러나 최초에 최보은이 제기하고 이후 여러 논자들(주로 여성들)이 지적한 '화두로서의 박근혜'는 제대로 사유된 것 같지 않다. '화두로서의 박근혜'가 그저 '박근혜 지지 선언'으로만 읽혔던 것인데, 김규항의 글이 이런 방식의 독해를 대표적으로 보여준다.

그렇다면 '화두로서의 박근혜'는 구체적으로 무엇을 의미하는가? 잠시 최보은이 2002년 3월 월간《말》과 가진 인터뷰 기사를 읽어보자.

"내가 '출마한다면 박근혜 의원을 찍겠다.'고 공언할 때까지만 해도, 그것은 여성정치 참여현실의 참을 수 없는 후진성에 대한 역설적, 반어법적 수사였다." …… 아줌마가 박근혜에 주목하는 것은 여성의 정치현실에 대한 뼈저린 각성에서 비롯되었고, 이는 '후일'을 도모하기 위한 전략적 제스처로 나타난다. "만약 이 땅의 여성들이 여성의 참정권 행사와 정치세력화를 위해 피를 흘렸다면 여성들의 정치의식이 지금처럼 열악하지는 않았을 것이다. 지금 박근혜를 훨씬 더 치열한 토론과 관심의 담금질 앞에 두어야 그 뒷 세대 정치인인 이미경, 추미애 의원도 그에 합당한 주목을 받을 수 있다." …… "그 에너지와 목소리가 모아져야 나중에 박근혜가 반여성적 정책을 편다고 하면 바로 반대운동이라도 해서 탄핵하자고 말할 수 있는 것 아니겠나?"[5]

마치 2017년 탄핵 국면을 예견이라도 하는 듯한 이 기사에서 최보은이 주장하는 것은 박근혜에 '대한' 지지가 아니라 박근혜를 '통한' 여성정치의 사유 가능성 확장이다. 같은 기사에서 그녀는 박근혜가 독재자의 딸이라 문제가 있다면 그것의 실체를 더 밝히고 토론해야 하지 않겠느냐고 반문한다. 이는 박정희의 딸이자 여성 정치인이라는 박근혜의 위치 position를 젠더의제화 하자는 것으로 읽을 수 있다. '이 제안을 좀 더 진지하게 받아들이고 제대로 검증했더라면'이라는

페미니스트 타임워프

생각이 들지 않을 수 없는 대목이다.

같은 지면에서 이어지는, 최보은이 박근혜와 가진 좌담 기사에서 느낄 수 있는 희미한 기대는 그래서 더욱 뼈아프다.[6] 좌담 기사의 제목은 「진흙탕 정치판 헤쳐나갈 지혜와 신념 있다」였다. 박근혜에게서 일말의 지혜와 신념의 가능성을 찾고자 한 기대는 기사 전체에 스며들어 있다. 2012년 대선에서 박근혜의 캐치프레이즈는 '준비된 여성 대통령'이었다. 한나라당에서 이름을 바꾼 새누리당은 당색마저 빨간색으로 바꾼 터였다. '빨갱이'가 환기시키는 위험은 이제 '여성 대통령'이라는 문구와 함께 새로움과 혁신으로 옷을 갈아입었다. 결국 2002년 여성 대통령 논쟁을 통해 가장 많이 배운 이는 페미니스트도 좌파도 아닌 박근혜였던 것이다. 2012년 대선에서 사용된 박근혜의 이미지는 자신에게 거는 대중의 기대에 아버지 박정희와 어머니 육영수에 대한 향수뿐 아니라 '여성 정치 지도자'라는 전망도 있다는 것을 알지 않고서야 나올 수 없는 전략이었기에. 좌파 논객들로서는 이 희미한 기대가 꼴같잖았을 수 있다. '주류 페미니즘' 운운은 그래서 나온 표현일 터였다. 그런데 흥미롭게도 이에 대한 최보은의 반응은 우여곡절 많았던 '여자로서의 인생' 고백이었다.

고 육영수의 전형적인 이미지와 2012년 대선 당시 박근혜의 포스터.

본인의 인생 경험에 비춰봤을 때 '주류 인텔리 여성들의 주류 페미니즘'이라는 명명은 터무니없다는 것이었다. 그녀는 실질적인 가장으로 가족을 부양했지만 돌아온 것은 남편의 구타뿐이었던 절절한 경험을 김규항의 다소 비열하기까지 한 관념적 공격에 대한 반론으로 제시했다.[7]

그러나 차별 경험이 곧바로 사회적 소수자로서의 인식을 형성하는 것은 아니다. 당시에도 이에 대한 지적이 있었다.

페미니스트 타임워프

여성학자 조순경은 차별의 경험이 소수자로서의 의식으로 만들어지기 위해서는 "자신을 거부하는 환경과의 지난한 싸움의 과정"이 필요하다고 지적하면서 "'모든 여성이 태생적 소수자'이며 박근혜 씨도 그러할 것이라는" 가정에 기반을 둔 최보은의 주장을 전면적으로 비판했다. 결국 이런 주장은 김규항과 같은 "노력하지 않는 마초"에게 페미니즘을 모욕할 빌미를 주면서 입지를 축소할 뿐이라는 것이다.[8]

사실 최보은을 비롯한 많은 이들이 고백하는 여성으로서의 차별 경험과 박근혜의 경험은 상당한 거리가 있을 것이다. 독재자의 딸로, 육영수 사망 이후에는 퍼스트레이디로, 박정희 사망 이후에는 영남대학교 재단 이사장, 육영재단 이사장, 정수장학회 이사장으로 살 수 있었던 박근혜의 삶에서 타자이자 소수자로서의 여성 경험을 살피기란 쉽지 않다. 그런데 왜 2002년 당시 여성 대통령 논쟁에서 이런 사항들은 제대로 검증되지 않았을까? 이에 대해 사회학자 천선영은 여성들의 높은 교육 수준과 사회의식에 비해 의사결정과 권력 집중 영역에서의 성별 격차는 여전하다는 점을 들어 여성들이 박근혜에게 거는 기대를 이해하고자 했고,[9] 정치학자 이진옥은 박근혜의 주 지지층이 나이 든 연령대·여성·서민이라는, 정치적으로 소외받고 권력 구조에서 배제된 집단이라는 점에 주목하면서 한국 민주주의의 결핍 democratic deficit과 대표성의 위기를 지적했다.[10] 즉 2002년 당시 박근혜를 둘러싼 여성 대통령론은 민주화 이후에도 여전히 강력하게 일상을 규정한 가부장적 문화와 평등한 젠더관계에 대한 여성들의 열망이라는 불협화음이 불러낸 젠더불만 투사의 장이었다는 것이다.

여성 대통령 논쟁, 그 이후

아니나 다를까, 2002년 봄을 뜨겁게 달군 여성 대통령 논쟁 이후 한국 사회 여성 의제는 양극화와 가족화의 길을 걷는다. 2003년 'KTX 여승무원 사태'는 '이기적인 젊은 여자들'이라는 담론 정치가 작동하며 여성의제로도, 노동 의제로도 틀 지어지지 않았다.[11] 2004년에는 건강가정기본법이 통과되었고, 2005년 폐지된 호주제는 '가족등록법'으로 마무리되었다. 페미니즘 가족 정치가 사회의 기본 단위를 부계혈통에 기반을 둔 친인척에서 이성애핵가족으로 변동시키는 정도의 선에서 타협한 것이다. 텔레비전은 걸그룹이, 온라인은 여성혐오가 점령하기 시작한 것도 바로 이 시기부터다.

그러니 우리가 직면한 사태는 단순히 경제적인 상황이 나빠져서 벌어진 일만은 아니다. 여성과 정치를 사유하지 않고, 젠더불만을 내버려둬서 치르는 값비싼 대가다. 박근혜의 당선을 박정희와 육영수에 대한 노스탤지어 정서에서만 찾는 것은 지나치게 게으른 설명이다. 그보다는 박근혜가 '준비된 여성 대통령'에 대한 기대와 그 이미지를 적정 비율로 잘 조합했기 때문에 선거에서 이길 수 있었다고 보는 편이 더 적절할 것이다. 이는 2012년 대선 당시 문재인 후보가 구사한, 낡은 성별분업에 기반을 둔 가장-군인 이미지의 조합과 비교해보면 더욱 두드러진다. 특히 2012년 대선 정국에서는 여성에 대한 실질적 논의와 여성이라는 기호 전유의 분리가 극에 달했다. 박근혜는 '여성 대통령'이라는 구호는 적극 활용했지만 대선 후보 여성 정책 토론은 반대했다. '여성 대통령'을 내세운 후보의 반대로 인해 대선 후보들에게 사회적 소수자로서의 여성에 관한 정책을 물을 수 있었던 중요한 공적 장이 무산된 것이다.

이런 면에서 박근혜가 열심히 한 일이 '머리 손질'과 각

노타이와 맥주라는 기호를 통해 '민주적이고 평등한' 이미지를
강조했지만 여성 경제인은 한 명도 보이지 않았던 문재인
대통령과 경제인 회동.

종 시술, 옷과 가방 구입을 통한 '스타일 관리'라는 점도 일
면 수긍이 간다. 여성 대통령에 대한 사유와 검증의 부재 속
에서 오로지 이미지 정치를 통해 당선된 대통령이 해야 하
는 중요한 일이 무엇이겠는가? 바로 이미지 관리 아니겠는
가? 따지고 보면 박근혜 시대 부상한 여성 정치인들이 하나
같이 이미지로서의 여성을 관리하는 데에만 힘을 쏟았을 뿐
소수자로서의 여성에 대한 실질적 관심은 없었다는 점도 이
와 일맥상통하리라.

　이런 현상이 과연 우익 정치인들만의 문제일까? 예컨대 차
별금지법 제정 포기와 페미니스트 대통령을 동시에 선언한

　　　　　　　　　　　　　　　　　　페미니스트 타임워프

문재인 대통령에게 '여성'은 어떤 문제이고 또 어떤 기호일까? 단 한 명의 여성 경제인도 보이지 않았던 경제인 모임(그러면서도 이 모임은 노타이와 맥주라는 기호를 통해 '민주적이고 평등한' 이미지를 가질 수 있었다. 여성 없이도 민주적이고 평등할 수 있다?), 장관·노동계·민간위원 등 30명으로 구성되는 일자리위원회에 여성은 단 세 명인 상황(한국여성노동자회의 지적대로 위원회 구성에서 여성 비율이 40퍼센트에 못 미치는 것은 양성평등기본법 21조 정책결정 과정 참여 조항 위반이다. 이런 기본 중의 기본을 왜 무시하는가?)은 이 정부가 가진 성평등 관점의 일천함을 짐작케 한다.* 2016년 정의당 메갈리아 사태는 또 어떠한가? 그러니 한국 정치는 2008년 촛불시위를 주도하고, 2016년 강남역 살인 사건 이후 주체화되었으며, 이화여대 사태를 통해 박근혜의 실체를 벗긴 이 여성들이 어떤 사회경제

---

* 오해를 피하기 위해 부언하자면, 나는 문재인 정부가 제대로 일해온 여성들을 중요 부서의 장관으로 인선한 데 대해서는 높이 평가한다. 그렇지만 이 정도가 페미니스트 정책 실천의 전부여서는 곤란하다. 이런 점에서 문재인 정부는 문화연구자 시우가 지적한 대로 이성애자이며 고등교육을 받고 중산층 한국어 사용자인 이들만 '여성'으로 상정하고 있다. 자세한 것은 시우, 「페미니스트 미씽: 사라진 논쟁, 지워진 계보」, 《말과활》 13호(2017년 봄호)를 참고.

적 위치에 있는지, 어떤 불만을 가지고 있으며 무엇을 표현하고 싶은지 알지 못하며 관심도 없다고 봐도 무방할 것이다. 여성들은 생물학적 존재, 토큰, 기호로만 여겨지며, 표를 좌우하는 정치적 집단으로 재현되지 않는다. 표를 좌우하는 정치적 집단은 언제나 남성의 형상을 띠고 있다. 또 여성들 내부의 계급, 세대, 성적 지향과 성정체성 차이에 따라 서로 다른 정치적 이해와 관심은 젠더와 더불어 탐구되지 않고 동일 계급, 세대, 성적 지향과 성정체성의 남성들과 동일한 것으로 묶인다. 2016년 정의당 메갈리아 사태는 동일 세대 남녀의 서로 다른 이해관계를 드러냈을 뿐 아니라, 이 차이를 다루기는커녕 폭력적으로 제거하는 것으로 문제를 해결했다고 생각하는 한국 진보정치의 무능함을 만천하에 드러냈다.

그러니 우리는 이제야 제대로 박근혜를 '사유'해야 한다. 여성학자 엄혜진은 사적이며 가족적 존재인 여성이 공적이며 정치적 영역에 등장할 때 필연적으로 생겨나는 문제적 형식(가족 규범과 정치적 규범 사이를 오가는)을 지적한 바 있다.[12] 박근혜는 이 문제적 형식을 통해 대통령이 될 수 있었고, 또 탄핵될 수 있었다. 이를 여성학자 김주희의 주장대로

"여성정치 오독으로서의 모성정치"로 부를 수도 있으리라.[13] 이 '문제적 형식' 또는 '오독'을 넘어서기 위해서라도 박근혜가 구현한 사적/모성적/가족 정치는 더 늦기 전에 보다 철저하게 사유되어야 한다고 믿는다.

기억의
페미니스트 정치

시간여행이라는 테마

한동안 시간여행을 소재로 한 영화와 드라마가 붐이라고 불릴 만큼 쏟아졌다. 한국에서는 2010년대부터 본격적으로 유행하기 시작한 이 흐름에 대해 여러 해석이 가능할 것이다. 이를테면 드라마 산업의 관점에서 사극이 주는 재미와 현대극에서 가능한 PPL(간접광고) 두 마리의 토끼를 다 잡으려는 시도라는 평가를 할 수 있다. 그렇지만 대중의 욕망이 반영될 수밖에 없는 대중서사의 필연적 운명에 초점을 맞춘다면, 감지할 수 있는 또 하나의 지점은 과거와 현재가 맺는 관계에 대한 대중의 감각이 변화했다는 것 아닐까. 1997년 IMF 경제위기 전까지, 과거에 대한 한국 사회의 관념과 태도는 직선적이고 발전주의적인 것이었다. 현재는 언제나 과거보다 더 발전된 지금이었고, 미래는 더욱 그러할 터였다. 이는 정치적으로 보수를 자처하든, 진보를 지지하든 누구에게나 익숙한 공통의 감각이었다.

세계적으로도 1990년대는 미래를 향한 낙관적 전망의 물결이 넘실대던 시기였다. 1980년대 말 이후 급진전된 탈냉전의 흐름은 '역사의 종말'이라는 희대의 유행어를 낳으면서 반목과 갈등의 시대가 끝났음을 선언하게 했다. 그러나 2001년 9·11은 이런 분위기에 종지부를 찍으면서 또 다른 반목과 갈등의 시대를 열었다. 냉전 시기 서구 외, 특히 중동을 위시한 다른 지역에서 벌어진 비극적 사건들이 부메랑으로 되돌아온 결과였다. 한국과 아시아뿐 아니라 전 세계는 1990년대 말 이후 현재를 있게 한 과거에 직면해야 했다.

그즈음 과거를 직면하는 방법으로 '기억'이라는 키워드가 소환되었다. 과거가 어떻게 기억되고 있는지 질문하는 것은 그 자체가 과거를 단일한 방식으로 박제시키는 민족주의적이고 특권적인 역사 서술 방식에 대한 도전이었다. 뒤이은 2008년 세계금융위기, 2011년 동일본 대지진, 2014년 세월호 사건은 '과거에 붙들린 현재'라는 감각을 더욱 일깨운 사건들이다. 나아가 총체적 재난이라 할 만한 이 사건들은 미래를 오로지 파국으로 상상하게 한다. 2010년대 한국 대중문화에서 유행한 시간여행 테마는 바로 단선적이며 진보적인 시간 감각이 변화했음을 보여주는 대중적 표현이 아니었을까.

그런데 바로 이때 당도한 촛불과 페미니즘은 과거에 붙들린 현재가 반드시 파국이라는 미래를 가져오는 것은 아닐 수 있다는 가능성에 기대를 걸게 한다. 비슷한 시기에 한국뿐 아니라 세계 곳곳에서 일어나고 있는 시위, 문제제기, 페미니즘의 흐름은 인류의 과거, 현재, 미래에 대한 또 다른 사고를 촉발시킨다. 이런 흐름 자체가 지배의 시간이 끝나고 해방의 시간이 시작되었다는 의미는 아니다. 그보다는 오히려 과거에 붙들린 현재, 그런 현재가 빚어낼 미래라는 시간들 사이의 솔기가 생각보다 그리 매끈하지 않다는 것, 그래서 촛불과 페미니즘의 시간에서 읽어내고 반복해야 할 것은 이 매끈하지 않은 솔기 그 자체여야 한다는 의미다.

우리는 이 책을 통해 이런 매끈하지 않은 솔기, 난데없는 타임워프를 '기억'이라는 키워드로 정리하고자 했다. 이때 기억하기란 인간의 의지를 넘어서는 생물학적 기능과 작용에 대한 이야기가 아니라, 여성과 소수자들이 배제된 역사 쓰기에 보충하고 대항하는 활동이다. 그것은 우리가 페미니스트로서 역사적 시간 혹은 사건과 어떤 관계를 맺을 것인지

드러낸다는 점에서 이미 당파적이며 정치적이다.

기억의 페미니스트 정치

2019년 한국은 현재 '버닝썬 게이트'로 들썩이고 있다. 인기 남성 아이돌 그룹의 멤버가 운영했던 강남에 위치한 버닝썬이라는 클럽에서 발생한 폭행 사건을 추궁하는 과정에서 경찰 유착, 약물을 사용한 성폭력, 성매매, 불법 촬영물 유포, 조세 회피, 마약 등의 각종 문제가 잇따라 드러나고 있다. 특히 이 아이돌 멤버가 버닝썬 직원에게 외국인 투자자 일행에 대한 성접대를 지시한 사실이 드러났으며, 남성 연예인들의 단톡방에서 또 다른 유명 남성 연예인이 여성들과의 성관계 영상을 몰래 촬영하고 유포한 정황도 파악되었다. 이름이 널리 알려진, 부족할 것 없어 보이는 친근한 남성 연예인들의 성구매, 성매매 알선, 성관계 영상 유포와 같은 범죄 정황이 하나씩 드러나면서 많은 사람들은 공분하고 있으며 해당 사건에 대한 철저한 규명을 촉구하고 있다.

사건에 연루된 많은 이들은 현재 경찰 조사를 받고 있다.

하지만 '버닝썬 게이트' 연루자들의 밑도 끝도 없는 말 바꾸기와 부인이 계속되자 이제 피해자 여성들이 직접 모습을 드러내고 용기 있게 자신의 피해를 증언하기 시작했다. 한 피해자는 "더는 희생자를 만들지 말아야겠다."는 생각에 자신이 용기 내어 피해를 증언하게 되었다고 말했다. 사건은 아마도 정의로운 시민들의 감시의 시선 속에서 조사되고 보도되고 폭로되어 법의 심판을 받게 될 것이다. 책임자에 대한 공정한 심판과 처벌은 무엇보다 중요한 일이다. 하지만 나아가 우리는 이 사건이 이후 어떻게 기억될 것인지 질문해야 한다. 이것은 사건의 사실관계는 무엇인지, 어떤 비리와 유착, 폭력이 해당 사건에 개입했는지 법정에서 소환되는 증거를 통해 법의 심판을 받는 과정과는 또 다른 문제다. 기억하기란 사건이 과거에 머물러 있다고 간주하는 것을 넘어, 그것을 현재와 미래에 기억하고자 하는 이들의 몫으로 끌어들이는 수행이자 실천이기 때문이다.

이와 관련해 가장 익숙한 예로 일본군 '위안부' 문제를 기억하는 방식에 대해 생각해보자. 한국 사회에서 이 문제는 여전히 민족주의적 방식으로 기억되고 있다. 가해자는 '우리' 민족 외부에 있다고 가정되어 규탄되면서 식민지 피해자로서 '우리'는 더욱 결속된다. 물론 가해국 일본을 규탄하고 그들의 진정한 사과를 요구하는 활동은 일본군 '위안부' 문제의 해결을 위해서 매우 중요하다. 하지만 이런 활동이 '우리'의 위치와 역할에 대한 성찰로 이어지지 못한다면 '위안부' 문제의 핵심에 가 닿을 수 없을 것이다. '위안부' 피해자들의 경험은 전시 일본군에 의해 제도화된 성폭력 사건에만 머물러 있지 않다. 일본군 '위안부' 피해자들은 40년이 지나서야 비로소 피해 사실을 말할 수 있었다. 피해를 경험하고도 말할 수 없던 그 시간 동안의 삶의 경험도 피해를 구성하는 일부다. 그렇다면 현재의 민족주의적 방식의 '위안부' 기억 활동을 통해 '우리'가 결속되는 데 정작 누락되어 있는 것들은 '위안부' 피해자들의 경험일 것이다.

일본군 '위안부' 문제를 한국 사회에서 성폭력 피해자들의 경험과 겹쳐 생각해보자. 지금도 한국 사회에서는 성폭력 피해자들이 피해 사실을 말하는 데 어려움을 겪는다. 가해자도 합의된 성관계임을 입증하는 어떤 증거도 법정에 제출하지 못한 상황에서도 사건은 성폭력이 아니라 불륜이고 연애였다는 믿음이 여전히 굳건하다. '버닝썬 게이트'가 시작되자마자 불법 촬영된 영상물에 등장하는 피해자가 누구인지, 이 불법 촬영물은 어디서 구해 볼 수 있는지 묻는 글들이 SNS를 뒤덮었다. 급기야 "우리는 피해자가 궁금하지 않습니다. 피해자를 추측하는 모든 사진·동영상 유포=2차 가해. 지금 당신이 멈춰야 합니다."라는 경고장이 널리 퍼지기에 이르렀다. 이런 상황 속에서 일본군 '위안부' 할머니들이 경험한 피해만이 우리 사회에서 유일하게 '의심 없이' 피해로 기억되는 것은 오히려 그간 가부장적인 한국 사회에서 '위안부' 피해를 말할 수 없게 한 요인과 맞닿아 있을지 모른다. 우리는 이런 측면에서 어떻게 기억할 것인지의 문제를 사유해야 한다. 인간의 모든 활동이 그러하듯, 기억하기란 자연적 활동이 아니라 다양한 기억의 경합과 망각을 수반하는 사회적 활동이기 때문이다.

병치의 방법론

우리는 이 책에서 기억을 페미니즘적으로 전유하기 위해 병치juxtaposition라는 방법론을 활용했다. 말하자면 페미니스트 버전의 시간여행인데, 처음 기획할 당시에는 이런 병치를 통해 현재 한국 사회를 뒤덮은 젠더 이슈들이 완전히 새로운 것은 아님을 드러냄으로써 언제나 처음부터 시작하는 페미니스트 논의의 역사성을 환기시키고자 했다. 그러나 기획이 진전될수록, 과거의 사건을 현재 기억하는 것은 단순히 과거의 서랍을 여는 것을 넘어 현재 맥락에서 과거를 새롭게 재구성하는 일임을 확인하게 되었다.

이를테면 10·26 당시 여성 연예인과 고 장자연 사건을 병치시킨 김신현경의 글은 고 장자연 사건을 제대로 이해하고 해결하기 위해서는 여성 연예인을 성애화된 공적 '접대부'로 취급해온 오랜 제도 및 문화와 1980년대 말부터 본격화된 엔터테인먼트 업계의 남성 동맹 편입 시도를 함께 고려해야 함을 밝히고 있다. 박차민정의 「군대 가정'과 '계간'하는 시민」 또한 한국 성정치의 과거와 현재 사이의 매끈하지 않은 솔기를 흥미롭게 다루고 있다. 그 나름의 방식으로 발전해온 미군의 동성애 관련 정책들을 그때그때 선택적으로 이식해온 한국 군형법의 동성애 관련 규정들은 그 자체로 이질적 시간성들의 각축을 보여준다. 또 김주희의 「한국 여성의 민낯이라는, '원정녀' 탄생의 정치경제」는 국내 특정 지역에 정주한 '양공주'보다 자유롭게 전 세계를 돌아다니는 듯 보이는 '원정녀'가 실은 훨씬 더 빨라진 한국 성산업 자본의 순환 속에 배치된 사람들로서, 정주하는 이들보다 더욱 강력하게 한국 사회에 귀속된 자들이라는 사실을 보여준다. 이처럼 우리가 살펴본 과거는 상상했던 과거와 완전히 같지는 않았고, 현재 또한 그 과거에 따라 달라졌다. 페미니스트 시간여행은 평행이론보다는 타임워프에 가깝다는 사실이 곧 드러났다.

눈 밝은 독자들은 이쯤에서 알아차렸겠지만, 이 책에서 우리는 1960~70년대를 가장 빈번하게 호출했다. 앞서 언급한 세 편의 글 외에도 박차민정의 「명랑한 수술」과 미완의 권리」, 「화장실과 시민의 자격」은 개발독재 시대 빚어진 젠더와 섹슈얼리티 질서가 어떻게 현재의 그것과 같고 또 다른 양상인지를 흥미롭게 서술한다. 김주희의 「발전과 젠더, 환대의 성별정치」와 김신현경의 「다시, 박근혜를 '사유'해야 한다」 또한 1980년대와 2000년대의 사건들을 다루고 있지만 이 사건들의 시작은 박정희 체제라고 보아야 할 것이다. 이를 통해 우리는 지금의 젠더/섹슈얼리티 장면들을 있게 한 기원으로서의 개발독재 시대에 대한 보다 면밀한 페미니스트 독해를 요청한다.

그러나 이때 '기원'은 최초의, 단 하나의 사건이 아니라 이후의 반복을 통해서만 성립하는, 반복되는 장면들의 초기 버전을 뜻한다. 이후의 반복이 없다면 어떤 사건이 기원으로서의 의미를 가지기 어려울 것이다.(이는 물론 프랑스의 철학자 자크 데리다의 논의를 빌려온 것이다.) 우리의 몇몇 글이 불러낸 2000년대 초반의 사건들은 이런 반복으로 읽어도 무방할 것이다. 김주희의 「우리는 왜 이제야 '여혐 전쟁'을 목격하게 되었는가?」와 김신현경의 「다시, 박근혜를 '사유'해야 한다」 그리고 「KTX 여승무원이 최초의 좀비들 중 하나인 이유」가 이에 해당한다. 이 시기는 촛불과 페미니즘의 시간과는 정반대의 시간으로 이미지화되고 있지만, 과연 정말로 그런지는 생각해봐야 할 문제다. 중요한 것은 지배의 시간과 해방의 시간을 매끈하게 구분하는 것이 아니라 우리가 어떻게 해서 다른 (듯 보이는) 순간을 맞이하게 되었는가를 따져보는 작업일 터이다.

현재를 과거의 어떤 장면과 병치시킬 것인지에 대한 고민은 우리가 어떻게 기억과 연루될 것인지에 대한 질문의 연장선상에 있다. 이는 증거와 사료를 통해 현재의 사건이 과거 사건의 반복일 뿐이라고 취급하는 것과는 다르다. 기억의

페미니스트 타임워프

병치는 오히려 증거가 제출되지 못한 이면의 정치를 드러내고자 하는 실천이다. 예컨대 '버닝썬 게이트'가 법정에서 다루어질 때 어떤 사안들은 분명히 증거 불충분을 이유로 기각될 것이다. 최근 버닝썬의 공동 대표는 언론과의 인터뷰에서 "승리의 3년 전 카톡 내용이 죄가 된다면 대한민국 남성들은 다 죄인 아닌가?"라고 반문했다고 한다. 이어 "국민적 분노를 사고 있는 이유가 물뽕GHB을 타서 여자들에게 먹이고 강제로 성폭행했다는 것인데, 그러면 그 피해 여성들은 왜 경찰에 고소하지 않고 언론에다 흘리기만 하겠나. 지금 이 분위기에 고소하면 바로 가해자가 구속될 거고, 합의금도 받을 수 있고, 법적 처벌 다 받을 수 있는데 왜 안 하고 있겠나?"라고 질문했다. 그는 카카오톡 대화 내용은 사건의 직접적 증거가 될 수 없고, 동시에 직접 고소하는 피해자가 등장하지 않았으므로 피해는 없었다고 항변하고 있다. 하지만 그는 피해자가 사건 전면에 나설 수 없는 이유를 누구보다 잘 알고 있는 사람이다. 또 그는 자신이 범죄 행위와 연루되지 않았다는 증거를 단 하나도 제시하지 못한다.

역사학자 임지현은 "부정의 실증주의"라는 개념을 통해 역사 연구 방법론에서 실증주의, 증거주의의 한계를 지적한 바 있다. 많은 사람들은 역사가 반박할 수 없는 증거로 구축되었다고 생각한다. 하지만 그간 역사가 경합되어온 장면을 살펴보면, 실상 실증주의가 강조된 때는 역사 수정주의자들, 부정론자들이 상대방의 주장을 반박하기 위해 '증거가 없다.'고 주장할 때였다. 증언과 사료와 기록이 버젓이 있어도 그것은 '증거'가 아니라고 폄하되었다. 이런 맥락에서 우리는 증거에 매달리거나 실증주의적 방법으로 과거 사건의 실체를 밝히는 작업을 지양하려 했다. 다만 현재를 과거의 어떤 장면과 병치시킬 것인지 골몰했다. 독자들은 우리가 의식적으로 병치시킨 사건들에 현재 진행형인 사건들을 창조적으로 병치시킬 수 있을 것이다. 예컨대 최근 헌법재판소의 낙태에 대한 헌법불합치 결정을 '명랑한 수술'과 겹쳐 본다면 여성의 섹슈얼리티 권리에 대한 언어와 세계가 더 풍부해질 수 있지 않을까? 서울올림픽에서 수행된 여성들의 환대 역할은 평창동계올림픽에서의 북한 여성들에 대한 집중적인 재현과 은밀한 관련을 맺고 있지는 않은가? 10·26의 여성 연예인들이 고 장자연 사건뿐 아니라 김학의 사건과 버닝썬 사건을 해석하는 새로운 단초를 제공할 수 있지 않을까? 또 일본군 '위안부' 기억 활동을 현재의 성폭력 사건을 둘러싼 성폭력 부정의 담론장과 병치시킨다면 앞선 기억 활동은 낯설게 응시될 수 있을 것이다.

다루고 싶었지만 다루지 못한 사건과 이슈들이 가득하다. 이 자체는 좋은 일이 아니지만, 젠더와 섹슈얼리티 사건들이 한국 사회의 '적폐', 즉 과거에 붙들린 현재의 문제가 그 모습을 드러내는 핵심적인 장으로 이해되기 시작했다는 사실에 희망을 가져본다. 이 책이 한국 페미니스트 담론장을 점검하고, 그럼으로써 다른 젠더/섹슈얼리티 장면들을 있게 한 시간의 이음새에 대한 영감을 줄 수 있다면 더할 나위 없이 기쁠 것이다.

2019년 8월

김신현경, 김주희, 박차민정

젠더 / 섹슈얼리티
장면의 연대기

일러두기

1. 더 폭넓고 다각적인 이해를 돕기 위해, 1960년대부터 현재까지
   한국 사회에서 벌어진 주요한 사건 중 이 책과 함께 살펴보면 좋을 사건들을
   시간 순으로 표시했다.
2. 중심선을 기준으로 표의 왼쪽에는 책에서 다루어진 사건을 실었으며,
   책의 내용을 참고하면 좋을 항목은 페이지를 병기했다.

1960ㄴ

(1961) • 5월 5·16 군사 쿠데타
• 11월 윤락행위등방지법 제정

(1962) • 군형법 제92조의 5 '계간의 죄' 법제 합리화
• 가족계획사업 추진 시작

(1965) • 베트남전 파병

1970ㄴ

(1970) • 새마을운동 시작

• 김포 해병 총기난사 사건 등   (1971) • 청와대 직속 기지촌정화위원회 설립
  장병범죄 다수 발생(44쪽)

(1973) • 모자보건법 통과

(1974) • 8월 육영수 암살

(1979) • 10월 박정희 암살

1980ㄴ

• 1월 전두환 정권, 요정업체 지원(20쪽)   (1986) • 6월 부천경찰서 성고문 사건

(1987) • 한국여성단체연합 창립, 남녀고용평등법 제정
• 6월항쟁

(1988) • 88서울올림픽대회 개최, 한국 광고시장 개방

1990ㄴ

(1991) • 김학순, 일본군 '위안부' 피해 증언
• 1991~1992년 김OO 사건 등 성폭력 사건 이슈화

(1993) • 신 교수 성희롱 사건

(1994) • 1월 성폭력특별법 제정

(1995) • 베이징 세계여성대회

(1997) • 12월 가정폭력방지법 제정
• IMF 경제위기

• 박근혜, 대구시 달성군 재보궐 선거에서   (1998)
  국회의원으로 당선(174쪽)

(1999) • 5월 제1회 안티미스코리아 페스티벌
• 12월 군가산점제 위헌 결정

2000
- 9월 군산 대명동 성매매 집결지 화재 사건
- 9월 제1회 퀴어문화축제 개최
- 12월 운동사회 성폭력 뿌리뽑기 100인 위원회 활동 시작

- '박근혜 지지' 논쟁 **2002**
- 제3회 전국동시지방선거(제1당 한나라당) 및 제16대 대통령 선거(노무현 당선)

2003~2004년 유영철 연쇄살인 사건 **2003**

- 제1회 밤길 되찾기 시위(105쪽) **2004**
- 2월 건강가정기본법 제정(182쪽)
- 3월 성매매특별법 제정

2005
- 3월 호주제 폐지

2000년대 중반 미국의 한인 성매매 업소 인신매매 단속 보도(149쪽)

2000년대 초중반 한류 열풍, 통신업계 자본의 엔터 산업 유입(67쪽)

- 장자연 전 소속사와 계약 맺음(65쪽) **2006**
- 11월 비정규직보호법 제정

2006년 3월 KTX 여승무원 파업 시작

- 2007년 6월~2008년 11월 **2007**
  뉴코아-이랜드-홈에버 사태
- 7월 가족관계등록법 제정

(2008)
- 미국산 쇠고기 수입파동 촛불시위(185쪽)

- 3월 7일 장자연 사망 및 **2009**
  '장자연 리스트' 점화

(2012)
- 제18대 대통령 선거 박근혜 당선

(2014)
- 제15회 퀴어퍼레이드, 혐오세력의 첫 번째 대규모 방해

- 11월 KTX 사태 대법원 원고 청구 기각 **2015**
  (79쪽)

군형법 제92조의 5(6) 합헌 결정(3차) **2016**
(40쪽)
- 5월 강남역 여성 살해 사건
- 10월 박근혜-최순실 국정농단 게이트

4월 육군 내 성소수자 색출 사건(39쪽) **2017**
- 3월 박근혜 전 대통령 탄핵 인용
- 5월 문재인 정부 출범

- 7월 21일 KTX 여승무원 복직 **2018**
- 버닝썬 게이트 점화(30쪽)
- 미투 운동 점화

(2019)
- 4월 낙태죄 헌법불합치 결정

1. 발전주의 시대의 유산

발전과 젠더, 환대의 성별정치

1. 「88올림픽 國民(국민)응집력 높다」,《경향신문》(1984년 9월 26일).

2. 한국개발연구원, 『88올림픽의 경제성 평가와 효과분석』(한국개발연구원, 1984).

3. 강준만, 『룸살롱 공화국』(인물과사상사, 2011), 63~64쪽.

4. 《동아일보》, 「유흥업소 '모범' 지정 특혜 말썽」(1988년 1월 8일).

5. 오유석, 「동대문 밖 유곽: '청량리 588' 공간 구성의 역사와 변화」,《서울학연구》 제 36호(서울학연구소, 2009).

6. 김은실, 「한국 근대화 프로젝트의 문화논리와 가부장성」, 임지현 외, 『우리 안의 파시즘』(삼인, 2000).

7. 강준만, 『한국 현대사 산책 1980년대편 3: 광주학살과 서울 올림픽』(인물과사상사, 2003), 296쪽.

'군대 가정'과 '계간'하는 시민

1. 신윤동욱, 「성소수자는 '불법 사람'입니까?」,《한겨레》(2017년 5월 5일).

2. 「군인권센터 "육군참모총장 '동성애자 색출' 불법 수사 증거…인권위 제소"」,《경향신문》(2017년 4월 17일).

3. 《한겨레》, 「문재인 "성소수자에 아픔 드려 송구"」(2017년 4월 27일).

4. 문준영, 「미군정 법령체제와 국방경비법」, 《민주법학》 제34호(2007), 109쪽, 113쪽.

5. Eskridge Jr, W. N., "Law and the Construction of the Closet: American Regulation of Same-Sex Intimacy, 1880-1946," *Iowa Law Review* Vol.82(1996), p.1007.

6. 이 번역자가 누구인지는 불분명하다. 미군정청 법률고문이었던 손성겸 변호사가 기초했다는 주장과 당시 법무관이었던 김완룡, 이지형이 번역했다는 주장이 있다. 박안서, 「군형법 제정의 역사적 배경과 관련 문제점」, 《군사》 제82호(2012), 216~217쪽.

7. 실제로 6개월이라는 짧은 시간 안에 만들어진 이 법은 계간 조항뿐만 아니라 전체적으로, 한국적 맥락에 대해 고려 없이 원안을 번역하는 수준에서 작성된 것으로 알려져 있다. 문준영, 앞의 글, 109쪽, 113쪽.

8. Bérubé, Allan, *Coming Out Under Fire: The History of Gay Men and Women in World War II*(The University of North Carolina Press, 2010), p.2.

9. ibid., p.15~16.

10. Hale Jr., Nathan G., *The Rise and Crisis of Psychoanalysis in the United States: Freud and the Americans, 1917–1985*(Oxford University Press, 1995), p.200~201.

11. D'emilio, John, *Sexual Politics, Sexual Communities*(The University of Chicago Press, 2012).

12. 로르샤흐 검사(Rorschach test)는 스위스의 정신의학자 헤르만 로르샤흐(Hermann Rorschach)가 1921년에 개발한 테스트로, 대칭적인 잉크 얼룩이 그려진 열 장의 카드를 고정된 순서로 제시하고, 그림에 대한 대상자의 응답에 투사된 심리를 해석하는 방식으로 이루어진다. 군에서 이루어진 그룹 테스트의 경우, 지원병이 많고 테스트 시간이 짧았기 때문에 정신의학분과의 훈련을 받지 않은 의사도 감독할 수 있는 방식으로 조정되었다. Hegarty, Peter, "Homosexual Signs and Heterosexual Silences: Rorschach Research on Male Homosexuality from 1921 to 1969," *Journal of The History of Sexuality* vol.12 no.3(2003), p.407.

13. 천남수, 「병무청 인성검사와 군부대 인성검사」, 《병무》 제62호(2005년 가을호).

14. 「시급한 급식 향상」, 《동아일보》(1968년 7월 11일).

15. 「체면 잃은 군기」, 《경향신문》(1968년 5월 22일).

16. 사병들은 국제 기준인 하루 4500칼로리는 고사하고, 한미 간에 합의된 정량인 3800칼로리에도 미치지 못하는 3010칼로리 급식을 배식받았다. 「급식개선에 58억 필요」, 《경향신문》(1968월 6월 19일).

17. 1969년 GNP 성장은 연 15.9퍼센트였으며, 커피 소비량은 49.8퍼센트, 맥주는 22.2퍼센트, 청량음료는 35.1퍼센트 증가했다. 전년 대비 합성섬유류는 89퍼센트, 미용비는 8.8퍼센트, 화장품 구입비는 71.7퍼센트, 장식용 가구비는 55퍼센트, 항공료는 64.5퍼센트가 각각 증가하였다. 「낭비(29): 소비성향」, 《매일경제신문》(1970년 11월 24일), 이상록, 「1970년대 소비억제정책과 소비문화의 일상정치학」, 《역사문제연구》 제29호(2013), 147쪽에서 재인용.

18. 「군의 기강과 무기관리」, 《경향신문》(1968년 5월 21일).

19. 「빗나간 총구」, 《동아일보》(1971년 3월 27일).

20. 「군의 기강과 무기관리」, 《경향신문》(1968년 5월 21일).

21. 「군기사고에 팔장낀 당국」, 《동아일보》(1971년 5월 20일).

22. 「총기는 제2의 생명…사고 없애야」, 《경향신문》(1970년 10월 12일).

23. 「인성검사 실시키로 장병신체검사시에」, 《매일경제》(1971년 1월 20일).

24. 「횡설수설」, 《동아일보》(1967년 8월 2일), 임지연, 「1960-70년대 한국 정신의학 담론 연구」, 《의사학》 제26권 2호(2017), 198쪽에서 재인용.

25. 「서둘러야할 정신위생법 제정」, 《경향신문》(1968년 11월 30일), 임지연, 위의 글, 197쪽에서 재인용.

26. 「5개병원 신설 정신병 보호책으로」, 《매일경제》(1970년 5월 8일).

27. 「내무반서 카르빈 난사」, 《경향신문》(1969년 6월 7일); 「내무반서 총기참사」, 《경향신문》(1970년 4월 13일); 「해병사 범행동기 밝혀 소외감 정신착란」, 《동아일보》(1971년 1월 19일).

28. 「육군의 승전운동 전개」, 《경향신문》(1970년 5월 23일).

29. 「장정에 인성검사 국방부 선병제 강화」, 《동아일보》(1970년 5월 9일).

30. 1968년 1·21 사태를 계기로 육군은 30개월에서 36개월로, 공군과 해군은 36개월에서 39개월로 복무 기간이 대폭 연장되었다.

31. 1960년 35퍼센트에 가까웠던 병역 기피율을 1970년대 1퍼센트 미만까지 떨어뜨렸다. 김청강, 「국가를 위해 죽을 '권리': 병역법과 '성聖/性스러운' 국민 만들기」, 홍양희 엮음, 『'성'스러운 국민』(서해문집, 2016).

32. 「고령자부터 우선 입영케」, 《경향신문》(1967년 7월 3일).

33. 「급식개선에 58억 필요」, 《경향신문》(1968년 6월 19일).

34. 「김포난사 사건 해병사 발표에 미스」, 《동아일보》(1971년 1월 22일).

35. "성도착"은 정신질환의 체크 항목 중 성격장애와 나란히 경도, 중등도, 고도의 등급으로 나누어 체크해야 할 항목으로 별도 표시되었다.

36. 조국, 「군형법 제92조의 5 '계간 그 밖의 추행죄' 비판」, 《형사법연구》 제23권 4호(2011), 292쪽.

37. '징병신체검사등검사규칙'(1978년 12월 7일 개정), '군인사법 시행규칙'(1982년 제정), '병역판정 신체검사 등 검사규칙'(2018년 9월 7일 개정) 별표3. '질병심신장애의 정도 및 평가기준'. '신체 각 병역별 장애의 정도 및 평가기준'의 "성도착"의 항목은 현재 "인격장애 및 형태장애, 성주체성장애, 성선호장애"로 규정되어 있다.

38. 대법원 1973.9.25. 선고 73도1915 판결; 헌법재판소 2002.6.27. 선고 2001헌바70 결정. 조국, 앞의 글, 307쪽에서 재인용.

39. 「배 안 성폭력, 저항 안해 무죄? 해군들이 분개한 판결: [해군 상관의 부하 여군 성폭력 ①] 해군 함정 특수성 고려 안 한 군사법원…가중처벌 마땅」, 《오마이뉴스》(2019년 7월 31일).

누가 장자연을 죽였나?

1. 이 글은 졸고 「기획사 중심 연예산업의 젠더/섹슈얼리티 정치학」, 《한국여성학》 30권 2호(2014)을 재구성한 것이다.

2. 이수연·강혜란·마경희·박선영·신상숙, 「여성연예인 인권침해 실태조사: 연기자를 중심으로」(국가인권위원회·한국여성정책연구원, 2009)를 참고.

3. TBS, 「김어준의 뉴스공장」 2019년 3월 5일과 3월 6일 방송을 참고.

4. JTBC, 「뉴스룸」, 2018년 6월 28일 방송의 '장자연 성추행' 목격자 인터뷰 참고.

5. 수원지방법원성남지원 2010.11.12. 선고 2009고단1501을 참고.

6. 윤지오, 『13번째 증언』(가연, 2019).

7. 그의 경력에 대해서는 김광수 외, 박성혜 엮음, 『스타를 만드는 사람들』(문예마당, 1997)과 표창원, 「나는 알고 있다, 장자연 리스트의 모든 것을」, 《한겨레》(2013년 4월 12일)을 참고.

8. 주진우, 「김 대표, 장씨 출연 드라마 PD에게 큰돈 빌려줬다」, 《시사인》(2009년 3월 24일).

2. '여혐 전쟁'의 도래

최초의 좀비, KTX 여승무원

1. 예컨대 이화정, 「[스페셜] 힘 있고 단단하게 살아남기를 바라는 마음으로: 연상호 감독 인터뷰」, 《씨네21》(2016년 7월 20일) 참고.

2. 'KTX 여승무원 사태'의 과정과 논리에 대해서는 조순경, 「여성직종의 외주화와 간접차별 KTX: 승무원 간접고용을 통해 본 철도공사의 체계적 성차별」, 《한국여성학》 제23권 2호(2007); 정 형옥, 「위장도급에 대한 노동부 법적 판단의 문제점: 'KTX 여승무원 사건'을 중심으로」, 《산업노동연구》 제14권 2호(2008); 조순경, 「성별 분업과 간접 고용: 통념과 논리」, 『노동의 유연화와 가부장제』(푸른사상, 2011)을 참고.

3. 이를테면 「파업 KTX여승무원 해고통보..농성돌입」, 《연합뉴스》(2006년 4월 14일)의 포털 사이트 댓글을 살펴보라.(https://news.naver.com/main/read.nhn?mode=LSD&mid=sec&sid1=102&oid=001&aid=0001271837)

4. 보다 자세한 내용은 조순경, 「'유연한' 노동시장과 가부장적 노동운동을 넘어서」, 위의 책을 참고.

5. 이에 대해서는 별도의 상세한 검토가 필요하다. 일단 여기서는 김경희, 「90년대 정부와 여성운동의 여성정책 프레임에 대한 분석」, 《젠더와 사회》 1집(2002); 박혜경, 「경제위기시 가족주의 담론의 재구성과 성평등 담론의 한계」,

《한국여성학》 제27권 3호(2011); 송제숙, 『혼자 살아가기: 비혼여성, 임대주택, 민주화 이후의 정동』(동녘, 2016)을 참조.

우리는 왜 이제야 '여혐 전쟁'을 목격하게 되었나?

1. 김주희, 「오늘 왜 페미니즘은 '혐오'와 접속했는가:《말과활》2016년 가을 혁신호 발간 기념 토론회 후기」,《말과활》(2016년 겨울호), 105~113쪽 참조.

2. 권성훈, 「유영철 글쓰기에 나타난 사이코패스 성격 연구」,《한국범죄심리연구》제7권 1호(2011), 3~28쪽; 권성훈, 「사이코패스 유영철 시의 의식 변화」,《한국범죄심리연구》제10권 2호(2014), 5~30쪽; 박지선, 「사이코패스에 관한 대중의 인식과 두려움」,《한국범죄학》제8권 2호(2014), 145~176쪽.

3. 표창원, 『한국의 연쇄살인』(알에이치코리아, 2005); 이은영, 장상진, 이용수, 「연쇄 살인범 柳永哲의 어린 시절: 어머니가 出産 後 죽일까 마음 먹었다는 二卵性 쌍둥이는 천대 속에서 생명에 대한 애정을 잃어 갔다」,《月刊朝鮮》(2004년 9월호).

4. 「정두영, 그는 누구? "유영철이 강간죄로 교도소 있을 때 정두영 보도한 월간지 보고 범행 착안⋯속에 악마가 있다"」,《조선일보》(2016년 9월 29일)

5. 변종국, 「"내 롤모델은 유영철 형님" 女살해한 20대에 무기징역 확정」,《동아일보》(2015년 7월 19일).

6. 서울중앙지방법원 2004.12.13. 선고 2004고합972, 2004고합973, 2004고합1023.

7. 위의 판결문, 1쪽.

8. 유영철은 언론사 여성 기자와의 서신 교환에서 다음과 같이 말한다. "그 어떤 살인이라고 해도 목적 없는 살인은 없습니다. 원한이 있어서도 아니고 돈 때문은 아니고 性을 빼앗으려 했던 것도 아니고, 이제라도 제가 밝힌다면 전 〈사회〉를 죽이려고 했던 것입니다." 이은영, 『살인중독』(월간조선사, 2005); 이웅혁, 「연쇄살인범에 대한 범죄심리학적 분석: 유영철이 작성한 20통의 편지에 대한 현상학적 접근을 중심으로」,《경찰학연구》제8호(2005), 141쪽에서 재인용.

9. 표창원, 앞의 책, 368, 378쪽.

10. 오윤성, 「지존파 사건에 대한 범죄사회학적 고찰」,《한국경찰학회보》제7호(2004), 162쪽.

11. 위의 글, 174쪽.

12. 표창원, 앞의 책, 240쪽.

13. 한국성폭력상담소, '달빛 아래 여성들, 밤길을 되찾다!', http://www.sisters. or.kr/newsisters/newsisters/dalbeat/index.php.

'명랑한 수술'과 미완의 권리

1. 「낙태아 콩팥등 장기까지도 수출」, 《경향신문》(1970년 11월 27일); 「낙태아 장기수출 콩팥 15불 기관지 10불로」, 《매일경제》(1970년 11월 27일); 「수입 콩팥 의료연구에 사용 미 플로연구소, 말썽의 경위 밝혀」, 《경향신문》(1970년 12월 2일).

2. 「낙태아 콩팥등 장기까지도 수출」, 《경향신문》(1970년 11월 27일); 「법조계의 견해」, 《경향신문》(1970년 11월 30일).

3. 조영미, 「출산의 의료화 과정과 여성의 재생산권(reproductive rights)에 관한 연구」(이화여자대학교 여성학과 박사학위 논문, 2003), 71쪽.

4. 「인공유산 의학계선 반대 높아」, 《경향신문》(1971년 8월 4일); 「모자보건을 위한 임신 중절. 내외학자 54명에게 들어본다 44세 여성 2~3회 경험」, 《조선일보》(1972년 10월 20일).

5. 「'가족계획' 허울에 늘어가는 인공유산, 서울대 보건대학원 조사」, 《동아일보》(1967년 3월 30일).

6. 의학신보 편, 『한국의학 100년사』(의학출판사, 1984), 조영미, 앞의 글, 89쪽에서 재인용.

7. 「부작용 많은 인공 임신중절」, 《경향신문》(1973년 5월 16일); 「돈(158) 어떻게 벌어 어떻게 쓰나? 산부인과의사」, 《매일경제》(1969년 1월 21일).

8. 「보사부 모자보건법안을 철회」, 《경향신문》(1970년 12월 1일).

9. 「모자보건법의 문제점」, 《동아일보》(1970년 5월 23일).

10. 「여대생 性에 어둡다, 이대서 2백여명 대상 조사. 낙태 찬성 14%…서울학생 더 관용적」, 《조선일보》(1975년 8월 6일).

11. 「다시 고개 든 임신중절 합법화」, 《경향신문》(1972년 4월 24일).

12. 「모자보건을 위한 임신중절. 내외학자 54명에게 들어본다 44세 여성 2~3회 경

험」, 《조선일보》(1972년 10월 20일).

13. 「공청회 후퇴한 모자보건법」, 《경향신문》(1970년 12월 5일).

14. 「임산부 치사 암장」, 《동아일보》(1968년 6월 10일).

15. 「의료법 위반사범 연 4천건 힘 못쓰는 '돌팔이 단속'」, 《동아일보》(1968년 6월 11일).

16. 「암매수법 돌팔이 성업」, 《동아일보》(1969년 6월 17일).

17. 「미신 등산객 낙서 무관심속에 원형 잃어가는 비지정 문화제」, 《동아일보》(1973년 2월 14일).

18. 조영미, 앞의 글, 47~49쪽.

19. 「의료법 위반사범 연 4천건 힘 못쓰는 '돌팔이 단속'」, 《동아일보》(1968년 6월 11일).

20. 「돈(158) 어떻게 벌어 어떻게 쓰나? 산부인과의사」, 《매일경제》(1969년 1월 21일).

21. 1974년 한 해 동안 뉴욕의 이스턴우먼센터 병원에는 전 세계 15개국에서 4238명의 여성들이 낙태 시술을 받기 위해 방문한 것으로 집계되었다. 이들 대부분은 16~20세의 여성들로 73퍼센트가 미혼이었다. 한국 국적의 여성들 역시 포함되어 있었다. 「낙태하러 뉴우요오크에」, 《동아일보》(1975년 7월 24일).

22. 「돈(158) 어떻게 벌어 어떻게 쓰나? 산부인과의사」, 《매일경제》(1969년 1월 21일).

23. 「가정계획 오늘과 내일」, 《동아일보》(1969년 11월 27일).

24. 「가족계획 세미나 모자보건 우선 체계적 사업을」, 《경향신문》(1975년 1월 20일).

25. 「산아제한―교황청의 고심」, 《경향신문》(1967년 10월 30일); 「교황 대 신도 인공피임 찬반논의」, 《동아일보》(1968년 8월 1일); 「제2라운드로 접어든 교황 대 신도 인공피임 찬반논의」, 《동아일보》(1968년 8월 1일); 「산아제한 교황회칙의 파문」, 《경향신문》(1968년 8월 10일).

26. 「'모자보건법'에 반대 김수환 추기경 특별사목교서 발표」, 《동아일보》(1970년 7월 3일).

27. 「산아제한—교황청의 고심」, 《경향신문》(1967년 10월 30일); 「교황 대 신도 인 공피임 찬반논의」, 《동아일보》(1968년 8월 1일).

28. 「비판받는 가톨릭 계율 설문서 밝혀진 신자들의 가치관」, 《경향신문》(1971년 7월 26일).

29. 실제로 신교는 가족계획에 대해 보다 유연한 입장을 견지했다. 1961년에 북미 교회연합회와 WCC는 가족계획을 적극 지원하는 결정을 했으며, 1964년 동남 아세아 교회대회는 교회 프로그램에 가족계획을 반영할 것을 결의했다. 한국 에서도 1972년부터 가족계획을 기독교적 입장에서 이해하기 위한 모색이 진행 되어, 그 결과 1974년 6개 교단 650만 신도를 가진 초교파 단체인 한국 기독 교교회협의회의 명의로 신도들에게 단체 인공유산을 허용한다는 공식 선언이 발표되었다. 「가족계획 성서적으로도 타당」, 《경향신문》(1972년 1월 19일); 「기 독교, 인공유산을 허용 한국기독교 교회협의회 선언」, 《동아일보》(1974년 6월 20일).

30. 「낙태에 새 법률이 필요할 단계는 아니다」, 《조선일보》(1970년 5월 22일); 「모 자보건법의 문제점」, 《동아일보》(1970년 5월 23일); 「공청회 후퇴한 모자보건 법」, 《경향신문》(1970년 12월 5일).

31. 「47세 한국의 전하와 아베-마리아」, 《선데이서울》 제2권 통권 28호(1969년 4 월 6일), 17~18쪽.

32. 「미 50개 도시 휩쓴 여권신장데모 '여성억압'은 쓰레기통에」, 《동아일보》(1970 년 8월 28일).

33. 「여권데모」, 《경향신문》(1970년 8월 28일).

34. 「성윤리의 확립과 가정」, 《경향신문》(1972년 6월 23일).

35. 「여성 단체협 공청회 찬반 조사 결과 "인공유산 합법화를" 기혼 여성 90%가 찬성」, 《조선일보》(1972년 7월 2일).

36. 1967년 서울대학교 보건대학원의 조사결과에 따르면 한국 사회에서는 교육 정 도가 높고 생활 정도가 높을수록 유산율이 높은 것으로 나타났다. "인공유산 을 경험한 여성의 대부분이 교육 정도가 높은 지도적 계층"인 이유는 상대적 으로 높은 의료 접근성을 가진 계층이었기 때문으로 유추해볼 수 있다. 「생각 하는 생활 인공유산」, 《동아일보》(1967년 4월 6일); 「인공유산 합법화를」, 《매 일경제》(1972년 6월 30일).

37. 「낙태허용범위 확대」, 《동아일보》(1970년 5월 20일).

38. 「비상각의 임신중절 합법화」, 《동아일보》(1973년 1월 31일).

39. 이은진, 「낙태죄의 의미 구성에 대한 역사사회학적 고찰」, 《페미니즘 연구》 제 17권 2호(2017), 31~32쪽.

40. 「건전출산 가족계획 효율화」, 《경향신문》(1973년 2월 1일).

41. 「대한신경 정신의학회, 강제 불임수술 신중하도록 건의」, 《조선일보》(1975년 6월 26일).

42. 강제불임시술 집행과 관련된 조항(모자보건법 9조)이 삭제되는 1999년까지 공식적으로 단 한 건의 수술도 집행되지 않았다. 관 주도로 이루어진 비공식적인 수술에 대해서는 다음의 기사를 참조. 「장애인 강제불임 수술 관이 주도」, 《연합뉴스》(1999년 8월 22일).

43. Kim, Eunjung, *Curative Violence: Rehabilitating Disability, Gender, and Sexuality in Modern Korea*(Duke University Press, 2017), pp.65-68.

44. 조영미, 앞의 글, 3쪽.

45. 「의학계 권위들의 임상노트 〈30〉 인공수정」, 《경향신문》(1975년 3월 26일).

3. 새로운 반복을 위하여

화장실과 시민의 자격

1. 1978년을 기준으로 서울시 공립 초등학교 화장실 중 88퍼센트는 재래식이었다. 「가정 수세식에 익숙한 국교생들 학교변소가 무섭다」, 《동아일보》(1978년 11월 21일).

2. 「변소가기가 무서워요 학급일기」, 《동아일보》(1978년 2월 9일).

3. 「신축된 본사사옥 순관기(3)」, 《동아일보》(1926년 12월 15일).

4. 「기능올림픽 3연패를 다진다」, 《경향신문》(1979년 8월 16일).

5. 「연탄재 침 기타」, 《동아일보》(1967년 2월 7일).

6. 「문화민족의 긍지」, 《경향신문》(1962년 4월 2일); 「공중도덕과 공중변소」, 《경향신문》(1963년 4월 23일).

7. 「나의 제안 수세식 생활의 시급성」, 《매일경제》(1969년 3월 27일); 「공덕심 공중변소도 바로 내 물건」, 《경향신문》(1970년 5월 29일).

8. 「문화민족의 긍지」, 《경향신문》(1962년 4월 2일); 「공중도덕과 공중변소」, 《경향신문》(1963년 4월 23일).

9. 「비시민적 행위」, 《경향신문》(1967년 2월 16일).

10. 그가 방뇨로 물었던 벌금은 500원으로, 한 해 전 맥스 루돌프가 지휘하는 신시내티 교향악단 내한공연 당시 B석 좌석 가격에 해당하는 금액이었다. 「신시나티 교양악단 회원권 예매」, 《동아일보》(1966년 9월 22일).

11. 「비시민적 행위」, 《경향신문》(1967년 2월 16일).

12. 「부족공중변소 철거늘어」, 《동아일보》(1972년 5월 6일).

13. 「무료 공중변소를 오가는 사람 위해 거리마다」, 《경향신문》(1970년 6월 5일).

14. 실제로 같은 해에는 구내식당의 여주인이 노무자에게 밀린 밥값 50원을 받으러 갔다가 매를 맞고 숨지는 사건이 일어나기도 했다. 「50원이 살인」, 《경향신문》(1967년 6월 28일).

15. 「고민하는 포화도시 대도시 행정문제 세미나를 개막」, 《경향신문》(1966년 7월 14일).

16. 「서울 (3) 이거 되겠습니까?」, 《경향신문》(1963년 12월 21일).

17. 「통금위반자에 집단사형」, 《경향신문》(1964년 7월 9일).

18. '사카린 파동'은 삼성그룹 계열사인 한국비료공업주식회사가 상업차관을 도입해 요소비료 공장을 건설하는 과정에서 사카린 원료를 비롯한 금수품들을 건설 자재로 속여 대량으로 밀수, 이를 암시장에 되팔아 엄청난 수익을 취한 사건이었다.

19. 「삼성재벌 제3의 밀수혐의」, 《동아일보》(1966년 10월 13일).

20. 「돈(174) 화장실 보이, 어떻게 벌어 어떻게 쓰나?」, 《매일경제》(1969년 2월 10일).

21. 1971년 9월 기준 시가로 금 1돈은 3100원에 거래되고 있었다. 「결혼준비 가이드」, 《매일경제》(1971년 10월 7일).

22. 《매일경제》 기사는 '화장실 보이'의 한 달 수입을 6만 원 정도로 추산하고 있다. 당시 '사치의 극한'으로 불리며 가장 비싼 예물로 거래되었던 남성 롤렉스

시계 스텐 모델의 가격이 6만 원에서 10만 원 사이였다는 점을 고려하면 상당한 금액임을 알 수 있다(「결혼준비 가이드」, 《매일경제》(1971년 10월 7일)). 그러나 '화장실 보이'는 향수, 화장품, 물수건뿐 아니라 화장실 소독 등 화장실의 제반 관리에 드는 비용 일체를 부담해야 했고, 업주에게 상납해야 하는 돈도 있었기 때문에 순소득은 이보다 훨씬 적었다.(「돈(174) 화장실 보이, 어떻게 벌어 어떻게 쓰나?」, 《매일경제》(1969년 2월 10일))

23. 「명랑한 서울과 시의 책임」, 《동아일보》(1967년 2월 9일).

24. 「대학신문가」, 《경향신문》(1963년 11월 11일).

25. 「바람직한 직장여성상」, 《선데이서울》제 11권 1호(1978년 1월 7일).

26. 「사랑받는 여성이 되려면: 매너와 상식 테스트를 통해본 사랑받는 여성과 여성 직장인의 본보기」, 《선데이서울》제8권 13호(1975년 4월 6일).

27. 「바람직한 직장여성상」, 《선데이서울》제 11권 1호(1978년 1월 7일).

28. 「식사후 고치려면 1분간 화장」, 《경향신문》(1967년 11월 20일).

29. 「신샐러리맨 〈63〉 여사원의 옷차림」, 《동아일보》(1977년 2월 5일).

30. 위의 기사.

31. 「난처한 큰방 작은방 출입」, 《경향신문》(1964년 4월 27일).

32. 「휴지통」, 《동아일보》(1921년 9월 15일).

33. 「허덕이는 사학 (3) 빛 잃은 명문」, 《동아일보》(1978년 10월 20일).

'원정녀' 탄생의 정치경제

1. 이 글은 2016년 3월 *Asian Journal of Women's Studies* 제22권 1호에 실린 필자의 논문 "Instant mobility, stratified prostitution market: The politics of belonging of Korean women selling sex in the U.S."을 수정, 보완한 글이다.

2. 「낮에는 유학생 밤에는 성매매…'부끄러운 한국'」, 《TV조선》(2012년 6월 29일); 「"매춘녀는 한국출신"…美텍사스 마사지 퇴출 운동」, 《동아일보》(2012년 6월 14일).

3. 박선영, 박찬걸, 『동남아시아 아동 성매매 관광의 현황과 대책』(한국형사정책연구원, 2012).

4. Hughes, Donna M., Katherine Y. Chon, and Derek P. Ellerman, "Modern-

day comfort women: The U.S. military, transnational crime, and the trafficking of women." *Violence Against Women* Vol.13 no.9(2007), 901-22.

5. 《동아일보》, 「「서울속의 아메리카」 梨泰院 환락과 豪華住宅「완전異邦地帶」를 가다」(1983년 7월 27일).

6. 강유가람, 「이태원」(2016), 98분.

7. Lim, Timothy, "Rethinking Belongingness in Korea: Transnational Migration, "Migrant Marriages" and the Politics of Multiculturalism," *Pacific Affairs* Vol.83 No.1(2010), 51-71.

8. 김주희, 「여성 '몸-증권화'를 통한 한국 성산업의 정치경제적 전환에 관한 연구」, 《경제와사회》, 제111권(2016), 142~173쪽.

9. 김주희, 「성매매 여성들의 "재여성화 전략"으로서의 '외모관리-소비' 활동에 대한 여성주의 분석」, 《아시아여성연구》, 제55권 2호(2016), 57~92쪽.

다시, 박근혜를 '사유'해야 한다

1. 최보은, 「'시다바리'가 되어드립니다」, 《씨네21》(2001년 4월 10일).

2. 최보은, 위의 글, 박형숙, 「[페미니스트들의 연쇄 인터뷰] 박형숙-최보은-박근혜 "박근혜가 출마하면 나는 그를 찍겠다"」, 《말》 통권189호(2002년 3월호)에서 재인용.

3. 김선주, 「여성도 '지저분'해져야?」, 《한겨레》(2002년 4월 22일).

4. 김규항, 「그 페미니즘」, 《씨네21》 349호(2002년 4월 23일).

5. 박형숙, 앞의 글, 80~82쪽.

6. 최보은, 「[페미니스트들의 연쇄 인터뷰] 박형숙-최보은-박근혜 "진흙탕 정치판 헤쳐나갈 지혜와 신념 있다"」, 《말》 통권189호(2002년 3월호).

7. 최보은, 「[특별기고] '그 페미니스트' 최보은의 김규항에 대한 반론: 마지막까지 쓰고 싶지 않았던 글」, 《씨네21》 354호(2002년 5월 27일).

8. 조순경, 「아무 말이나 해도 되는 '용기'를 어디서 얻었을까?」, 《여성신문》(2002년 5월 10일).

9. 천선영, 「우리 사회 페미니즘 담론 구성과 그 특질: 박근혜 대통령 후보론과 여성 총리 논쟁을 중심으로」, 《사회와 이론》 3집(2003년 11월).

10. 이진옥, 「박근혜, 최초의 그리고 최후의 여성 대통령?」, 《말과활》 13호(2017년 봄호).

11. 이에 대해서는 이 책에 실린 필자의 글 「KTX 여승무원이 최초의 좀비들 중 하나인 이유」를 참고.

12. 엄혜진, 「박근혜, 안티그네, 안티고네」, 《레디앙》(2012년 11월 5일).

13. 김주희, 「모성사기극: 준비되지 않은 여성 대통령과 그 비판」, 《말과활》 13호(2017년 봄호).

이미지 출처

이 저서에서 김주희의 글은 2017년 정부(교육부)의 재원으로
한국연구재단의 지원을 받아 수행된 연구임(2017S1A6A3A01079727).

페미니스트 타임워프

페미니즘이 한국 사회를 기억하는 방법

1판 1쇄 찍음 2019년 8월 23일
1판 1쇄 펴냄 2019년 8월 30일

지은이 김신현경, 김주희, 박차민정
펴낸이 박상준
펴낸곳 반비

출판등록 1997. 3. 24.(제16-1444호)
(우)06027 서울특별시 강남구 도산대로1길 62
대표전화 515-2000, 팩시밀리 515-2007
편집부 517-4263, 팩시밀리 514-2329

글 ⓒ 김신현경, 김주희, 박차민정, 2019. Printed in Seoul, Korea.

ISBN 979-11-89198-95-4 (93300)

반비는 민음사 출판 그룹의 인문·교양 브랜드입니다.